Myra

Saint Germains Vermächtnis

Myra

SAINT
GERMAINS
VERMÄCHTNIS

Ein westlich-abendländischer
Einweihungsweg

Einleitung und Redaktion von Brigitte Hussak

// SILBERSCHNUR 🦋 VERLAG

Hinweis:

Die Angaben in diesem Buch sind nach bestem Wissen und Gewissen zusammengestellt. Die beschriebenen Methoden und Mittel stehen in keinem direkten Zusammenhang mit schulmedizinischen Erkenntnissen oder Anwendungsmethoden sowie -ansätzen und möchten auch nicht als solche verstanden werden. Sie sind weder ein Ersatz für Medikamente noch für irgendwelche ärztliche oder psychotherapeutische Behandlungen. Hinsichtlich des Inhaltes dieses Werkes und der darin dargestellten Resultate geben der Verlag und die Autorin weder indirekte noch direkte Gewährleistungen. Demzufolge können und sollen die Inhalte dieses Buches keinen Arztbesuch ersetzen und stellen keine Anleitung zur Selbstdiagnose dar. Empfehlungen hinsichtlich Diagnoseverfahren, Therapieformen oder Ähnlichem werden nicht gegeben. Autorin und Verlag übernehmen somit keinerlei Haftung.

ISBN: 978-3-89845-307-3

1. Auflage 2010
2. Auflage 2020

Coverbild: »Klarheit« © Christina Riecken
Gestaltung & Satz: XPresentation, Güllesheim
Druck: Grafoprint, Gornji Milanovac
Papier: FSC zertifiziert, MIX-Papier aus verantwortungsvollen Quellen

Verlag »Die Silberschnur« GmbH · Steinstr. 1 · 56593 Güllesheim
www.silberschnur.de · E-Mail: info@silberschnur.de

INHALT

Zweiter Teil:

Einweihung – Initiation: der Weg

Dieses Buch ist dem Andenken an

MYRA

(13. Mai 1945 – 24. Februar 2002)

gewidmet, die das Leben der Menschen,
die ihr begegnet sind,
mit ihrem Sein bereichert hat
und die zurück zur Quelle gegangen ist,
als ihre Aufgabe erfüllt war.

»Es liegt an uns,
das LICHT zu suchen, denn ES IST.
Wir müssen uns nur umdrehen,
um aus der Finsternis ins Licht zu treten,
um aus dem Schattenland zu gehen,
dorthin, woher das Licht kommt,
immer der LICHTSPUR nach.«

Saint Germain

Vorwort

Liebe Leserin, lieber Leser,
viele Menschen suchen in dieser Zeit, in der vermeintliche Sicher-
heiten wegbrechen, nach Halt und Orientierung. Wir stehen an
der Schwelle einer Zeitenwende, deren transformierende Energie
eine enorme Beschleunigung aller Lebensverhältnisse sowie den
Zusammenbruch der gesellschaftlichen Systeme und Strukturen
verursacht, die der Menschheit nicht mehr dienlich sind oder es
niemals waren.

Abseits des esoterischen Zeitgeistes stelle ich Ihnen hier einen
westlich-abendländischen Einweihungsweg vor, der Impulse und
Orientierung zu geben vermag.

Das uralte abendländische Weisheitswissen musste vor den herrschenden religiösen Institutionen über beinahe zweitausend Jahre
geschützt und bewahrt werden und konnte deshalb nur im Geheimen, im »Untergrund« überleben. Dort wurde es von geheimen, inneren Orden (man könnte sie auch die »innere Kirche«
nennen) bewahrt, die vor allem aus den geistigen (feinstofflichen)
Reichen gespeist wurden. Einer dieser Bewahrer, Saint Germain,
ist der Autor dieses Buches.

Als keine Gefahr mehr von den religiösen Institutionen ausging,
wurde dieses Wissen freigegeben. Leider erleben wir etwa seit

Beginn des 20. Jahrhunderts und verstärkt in den letzten vierzig Jahren eine Verwässerung dieser Lehren, die sich in Teilen der esoterischen Literatur und des Workshop-Marktes niederschlägt.

Wir waren und sind eine kleiner Freundeskreis, der sich Anfang der Neunzigerjahre »zufällig« gefunden hatte, zusammen Reiki praktizierte, meditierte, nach Indien reiste und sich »über Gott und die Welt« austauschte. Ein seit Kindheit für die feinstofflichen Welten offenes Mitglied unseres Kreises, Myra, war das Medium für einen indianischen Lehrer aus der geistigen Welt namens Finor. Nach zwei gemeinsamen Jahren verabschiedete er sich mit den Worten: »*Heute übergebe ich dich meinem Meister.*«

Finor nannte keinen Namen, und »der Neue« stellte sich anfangs auch nicht vor. Myra beschrieb seine Energie als »ganz anders«, strenger und bestimmter. Nach einigen Tagen erklärte er ihr, dass er unter dem Namen Saint Germain bekannt sei und dass er uns unterrichten werde, um ein Versprechen einzulösen, das er im 18. Jahrhundert gegeben hatte, als er in einem unserer Vorleben unser Lehrer gewesen war.

Der historische Graf von Saint Germain unterhielt zu seiner Zeit Internatsschulen in Frankreich. Die Ausbildung ausgewählter junger Menschen galt nicht nur der üblichen schulischen Wissensvermittlung, sondern sie war auch ein Einweihungsweg. Zu einem solchen gehört eine Prüfung, eine Art Bewährungsprobe, die das Leben selbst abnimmt. Es ist gewiss nachvollziehbar, dass nicht alle Schüler bestanden haben. Doch damals versprach er einem jeden der »Durchgefallenen«, noch einmal als geistiger Lehrer in sein Leben zu treten. Zeitgleich zu uns unterrichtete Saint Germain noch andere kleine Gruppen weltweit – ehemalige Schüler, die es gleich uns damals im 18. Jahrhundert nicht geschafft hatten.

Wir genossen den spannenden und ergreifenden Unterricht unseres charmanten, humorvollen, aber auch strengen und kompromisslosen Lehrers und Erziehers - »*Ich kann keine lauen und halbherzigen Schüler gebrauchen!*« -, der über sechs Jahre von 1993 bis 1999 währte. Saint Germain begleitete uns auch mit Einzelgesprächen - »*Ein bisschen Lebenshilfe geben*«, nannte er es, und von dieser Lebenshilfe profitierten auch Menschen, die von außerhalb kamen. Allerdings darf man sich solche Lebenshilfe nur als »Hilfe zur Selbsthilfe« vorstellen, denn spirituelle Lehrer sind selbstverständlich nicht befugt, so wie wir das vielleicht gerne hätten, die Probleme ihrer Schüler zu lösen. Ein Anliegen war ihm, uns Unterscheidungsvermögen zu lehren, d. h. wir hatten zu lernen, in spirituellen Angelegenheiten in der Lage zu sein, die Spreu vom Weizen zu trennen, also Wahrheit von Lüge zu unterscheiden.

Gleich zu Beginn der Schulungen warnte unser Lehrer, dass er uns verlassen müsse, wenn Bindungen und Abhängigkeiten an ihn entstünden. Wir bemühten uns redlich, doch ganz gelang es uns nicht, denn dafür war er einfach zu liebenswürdig.

In diesen Jahren entstand ein »Heilkreis« und ein sogenannter »Lichtdienst«, beide existieren noch heute. Anlass für den Lichtdienst war der Vater eines Gruppenmitglieds, der im Zweiten Weltkrieg gefallen war, sich aber immer noch in der Aura unserer Freundin aufhielt. Gemeinsam mit unserem Lehrer durften wir ihn »ins Licht« führen. Der Heilkreis entwickelte sich aus dem sogenannten »Telesma-Seminar«, dem ersten Teil dieses Buches. Im Anhang finden Sie die Texte von Saint Germain, die wir in beiden Kreisen benutzen.

Ein Lernziel in der Lichtarbeit - die ja nicht nur einzelnen Verstorbenen oder Kranken gilt - war und ist, uns nicht aufkommenden Emotionen hinzugeben, sondern unseren Fokus auf Vollkommenheit zu richten, anstatt auf Kriege, Katastrophen, Krankheit und Tod.

Teile der Texte für unsere Seminare diktierte Saint Germain Myra direkt in den Computer. Einmal stürzte das Programm während des Schreibens ab. Die erschrockene Myra bat unseren Lehrer, von dem sie dachte, er wisse und könne alles, um Hilfe. Er gestand ihr allerdings, dass er keine Ahnung von Computern habe, und dann war er anschließend »mal weg«. Als er nach zehn Minuten wieder auftauchte, gab er ihr Anweisungen, woraufhin das Gerät wieder funktionierte. Myra, das verblüffte »Werkzeug«, fragte, wo er denn in der Zeit der Abwesenheit gewesen wäre – seine Antwort: »*Ich musste doch jemanden finden, der sich mit diesem Apparat auskennt.*«

Seinem »Werkzeug«, dem Saint Germain für die Zeit der gemeinsamen Arbeit den Namen »Myra« gab, teilte er schon in den ersten Wochen mit, er müsse gehen, wenn sie ihr Ego mit in diese Arbeit nehmen würde, denn er könne nur einen reinen Kanal gebrauchen. Vielleicht war das Myras Prüfung in diesem Leben, die sie gewiss bestanden hat.

Im September 1999 fand die gemeinsame Zeit mit unserem Lehrer ihren Abschluss auf einer Hütte im Südschwarzwald. Ein solches Quartier zu suchen hatte er uns aufgetragen, mit einer Quelle vor der Tür. Bei schönem frühherbstlichem Wetter inmitten einer romantischen Landschaft nahmen wir Abschied. Die Woche war der sichtbaren und unsichtbaren Schöpfung gewidmet. Es war die schönste Woche, es waren die schönsten Jahre unseres Lebens, wie eine Teilnehmerin bemerkte. Saint Germain versprach, immer in unseren Herzen zu sein. Er kam einige wenige Male noch zu Einzelgesprächen und ein letztes Mal, als wir ihn um Rat baten, wenige Monate, bevor Myra starb.

Diese Jahre haben einen besonderen Zauber in meiner und meiner Freunde Erinnerung. Wir fühlten uns geborgen in der starken Präsenz unseres Lehrers und erlebten eine Liebe, die nicht von dieser Welt ist. Saint Germain hatte uns alles gelehrt und uns alle

Werkzeuge mitgegeben, die wir benötigten, um unseren Weg alleine - nur unserem inneren Lehrer im eigenen Herzen verpflichtet - weiterzugehen.

Wir waren und sind keine besonderen oder gar »auserwählte« Menschen, weil wir den Vorzug einer Schulung durch einen Aufgestiegenen Meister genießen durften. Jeder Mensch ist ein besonderes Wesen, das auf seiner langen Wanderschaft geistige Begleitung und Hilfe erhält. Wenn ein Schüler darum bittet, d. h., wenn er reif dafür ist, kann der Lehrer in sein Leben treten.

Saint Germain war unser Lehrer und Weggefährte seit Urzeiten, so sagte er. Es ist also anzunehmen, dass wir damals im 18. Jahrhundert nicht zum ersten Mal unser Klassenziel nicht erreicht haben. Scheitern erscheint mir aber auch ein nicht ganz unwichtiger Bestandteil unseres menschlichen Erfahrungsschatzes zu sein.

Saint Germain gab mir durch einen medialen Menschen meines Vertrauens die Erlaubnis, sein »Vermächtnis«, wie er es nannte, zu veröffentlichen (als Myras Weggefährtin und Rechtsnachfolgerin). Einen kleinen Teil dieses Vermächtnisses halten Sie in der Hand. Weitere Veröffentlichungen werden folgen.

Wenn Sie mit dem vorliegenden Buch arbeiten möchten, wird Saint Germain, sofern Sie ihn dazu einladen, gerne eine Zeit lang hilfreich mit den ihm zur Verfügung stehenden hohen Energien Ihr Wegbegleiter sein.

So lege ich dieses Buch, liebe Leserin, lieber Leser, mit dem Segen meines Lehrers Saint Germain in Ihre Hände und wünsche Ihnen einen glücklichen Weg!

Brigitte Hussak
Dießen am Ammersee im Frühjahr 2010

DER HISTORISCHE
GRAF VON SAINT GERMAIN

Im 18. Jahrhundert war der Graf von Saint Germain eine Berühmtheit, von Gerüchten und Geheimnissen umwoben und entsprechend umstritten. Er war Geheimdiplomat im Dienst der französischen Krone und anderer europäischer Königshäuser, außerdem Alchemist, Chemiker, Physiker, Arzt, Erfinder, Musiker, Komponist und gewiss noch einiges mehr, ein Universalgenie also.

Damaliger und heutiger Darstellung zufolge wurde er als ältester Sohn des transsylvanischen (Siebenbürgen) Fürsten Franz II. Rakoczy geboren. Siebenbürgen war von den Habsburgern Österreich einverleibt worden, und der Fürst war bestrebt, sein Land wieder in die Unabhängigkeit zu führen, was dem österreichisch-habsburgischen Kaiserhaus natürlich missfiel. Deshalb musste der junge Fürst Leopold Georg als Thronerbe vor den kaiserlichen Nachstellungen gerettet werden. Er wurde nach Florenz gebracht und dort dem späteren Großherzog von Toscana und letzten seines Geschlechts, Giovanni Gastone de Medici, Junggeselle und hochgebildeter, kunstsinniger Schöngeist, Freimaurer und Rosenkreuzer, zur Erziehung übergeben.

Saint Germain galt als der Mann, »der niemals stirbt«. Unbekannt dürfte aber sein, dass er auch nicht geboren wurde. Das mag unglaubwürdig klingen, aber auf unsere Frage, ob denn die Geschichte seiner siebenbürgisch-fürstlichen Herkunft wahr sei, erklärte er, dass jeder Mensch mit einem Ego zur Welt käme, das durchaus zum Leben und Überleben nötig sei. Seine Aufgaben aber wären mit diesem menschlichen Ego nicht zu erfüllen gewesen, also wäre er nicht per Geburt gekommen, sondern hätte sich einen Körper erschaffen.

Dass dies nicht so ungewöhnlich ist, bestätigen zahlreiche auch zeitgenössische glaubhafte Berichte aus dem indischen Kulturkreis, wo Heilige und fortgeschrittene Yogis in der Lage sind, sich an zwei Orten zur selben Zeit in ihrem jeweils sichtbaren und feststofflichen Körper aufzuhalten. Sie brechen keine Naturgesetze und tun auch keine Wunder, sondern sie wenden Gesetzmäßigkeiten an, die unsere Wissenschaft noch nicht entdeckt hat.

Das Gerücht über seine transsylvanische Herkunft hatte der Graf nie dementiert, denn wie hätte er seinen Zeitgenossen seine wahre Herkunft auch erklären sollen? Vielleicht ist er tatsächlich bei Giovanni Gastone de Medici aufgewachsen, denn dieser wäre als Rosenkreuzer und Freimaurer gewiss bereit gewesen, eine solche Herkunft zu akzeptieren und dem jungen Saint Germain den nötigen Hintergrund und Schutz samt einem Start in die Gesellschaft zu gewähren. Allerdings passen die Daten nicht recht zusammen, denn Medici, 1671 geboren, wäre erst 23 Jahre alt gewesen, wenn Saint Germain bei ihm etwa im Jahre 1694 als Jugendlicher, von wo auch immer, aufgetaucht wäre. So werden Saint Germains erste Jahre wohl weiterhin ein Geheimnis bleiben.

Als der Graf von Saint Germain die Weltbühne betritt, auf der er 90 Jahre Gast sein wird, um die Geschicke seines Jahrhunderts mitzubestimmen, findet er ein zerrissenes Europa vor, in dem

die Fürsten- und Herzogtümer wie auf einem Schachbrett hin-
und hergeschoben werden, in dem ein siebenjähriger Krieg wütet
zwischen den großen europäischen Mächten Preußen, Österreich,
England und Frankreich, in dem sich der Boden allmählich vorbereitet für die »Große Revolution«.

Saint Germain wird von seinen Zeitgenossen als charmant,
sprachgewandt, kunstsinnig, »allwissend« und allem Schönen zugetan wahrgenommen. Er ist ein gern gesehener Gast in den Sa-
lons und an den regierenden Höfen Europas und pflegt Umgang
mit vielen seiner heute noch berühmten Zeitgenossen, wie Denis
Diderot, Voltaire, Friedrich II. von Preußen und dessen Schwester, Markgräfin Wilhelmine von Bayreuth, Madame Pompadour,
Cagliostro, Casanova und vielen anderen. Er spielt virtuos Geige
und Harfe und komponiert Teile einer Oper, Violinkonzerte, Lie-
der (es existieren CDs). Sein Freund Graf Max von Lamberg
schreibt über ihn:

*»Der Mann besitzt tausend Talente. Er spielt vorzüglich Geige,
und die Zuhörer glauben, fünf Instrumente gleichzeitig zu
hören.«*

Er ist Kunstkenner, Sammler und inspiriert die sogenannten »En-
zyklopädisten« zu etwas, was es vorher noch nie gab, die große
Enzyklopädie, ein Universallexikon, in dem das Wissen der Zeit
zusammengefasst ist. Aus seinem eigenen universellen Fundus trägt
er zu den Inhalten dieses monumentalen Werkes bei. Der österrei-
chische Graf Philipp von Cobenzl beschreibt Saint Germain:

*»Er ist Dichter, Musiker, Schriftsteller, Arzt, Physiker, Chemiker,
Mechaniker und ein gründlicher Kenner der Malerei. Kurz, er
hat eine universelle Bildung, wie ich sie noch bei keinem Menschen fand.«*

Saint Germain ist in der Lage, Metalle und Steine zu veredeln, Fehler aus Edelsteinen zu entfernen und er erfindet unter anderem ein verbessertes Härtungsverfahren für Porzellan und bessere Färbemethoden für die Textilindustrie. Dem preußischen Gesandten in Dresden, Philipp Karl von Alvensleben, teilt er mit:

»Ich halte die Natur in meinen Händen, und wie Gott die Welt geschaffen hat, kann auch ich alles, was ich will, aus dem Nichts hervorzaubern«, was dieser an seinen König Friedrich II. mit den Worten weitergibt: *»Ich wiederhole lediglich, was er gesagt hat.«*

Dieses »aus dem Nichts hervorzaubern« kennen wir auch von indischen Heiligen.

So nähern wir uns dem Alchemisten Saint Germain, den Ludwig XV. zu seinem Hof-Alchemisten ernennt und dem er das prachtvolle Loire-Schloss Chambord zur Verfügung stellt, in welchem sich der Graf im Auftrag des Königs ein alchemistisches Laboratorium einrichtet, das heute noch besichtigt werden kann.

Die Alchemie hat eine materielle und eine spirituelle Seite; mit letzterer, die auch der eigentliche Sinn der Alchemie ist, macht uns Saint Germain unter anderem auch in diesem Buch bekannt. Verbürgt ist, dass er ein »Lebenswasser«, wie er es nannte, herzustellen vermochte, ein Lebenselixier, das vermutlich das Altern hinauszögerte. Naturgemäß hat er damit die Damen der Gesellschaft auf seiner Seite. Außerdem mischt er einen darmreinigenden, der Gesunderhaltung des Körpers dienenden Tee, der heute noch hergestellt wird und der nach ihm benannt ist.

Es geht das Gerücht um in Europa, Saint Germain sei unsterblich. Die Gräfin von Genlis schreibt in ihren Erinnerungen:

»Er sah damals höchstens wie ein Fünfundvierziger aus, aber nach dem Zeugnis von Leuten, die ihn dreißig bis fünfunddreißig Jahre vorher gesehen, war er sicherlich weit älter. Er war nicht ganz mit-

telgroß, gut gewachsen und hatte einen sehr leichten Gang. Seine Haare waren schwarz, seine Haut stark gebräunt, sein Gesichtsausdruck sehr geistreich, seine Züge ziemlich regelmäßig.«

Den Memoiren der Gräfin d'Adhemar, Hofdame am Hof Ludwigs XVI. und Vertraute von dessen österreichischer Gemahlin Marie Antoinette, entnehmen wir, dass sie eine gute Bekannte und Verehrerin Saint Germains war. Die Comtesse erinnert sich, dass er wiederholt die Majestäten vor künftigen Gefahren warnte und das Ende der Monarchie voraussagte. Weiter beschreibt sie ihre Begegnungen mit ihm, die nach (!) seinem Tod im Jahr 1784 stattfanden, unter anderem bei der Hinrichtung der Königin im Jahre 1793. Es existiert eine Legende, nach der Saint Germain während der Hinrichtung der Königin in der gaffenden und johlenden Menge stand und mit ihr Augenkontakt hielt, um ihr Kraft und Mut zu geben.

Aber Saint Germain ist nicht wegen all dieser gewiss faszinierenden Begabungen in diese damalige Welt gekommen. Sein Auftrag ist vor allem auch, einen Beitrag für die Befriedung und Einigung Europas zu leisten, und diese Gedanken finden auch ihren Niederschlag in der Idee der heutigen Europäischen Union.
Der französische Philosoph Voltaire schreibt an seinen königlichen Freund Friedrich II. von Preußen:

»Man sagt, dass das Geheimnis des Friedens nur von einem gewissen Herrn von Saint Germain gekannt werde ... Er ist ein Mann, welcher gar nicht stirbt und alles weiß.«

Spitznamen wie »Der Graf von Europa« oder »Der Kutscher von Europa« erhält er wegen seiner ausgedehnten Reisen von England bis Russland, die einen großen Teil seines Lebens in Anspruch nehmen. Er bereist auch Indien und Ägypten und ist

21

Teilnehmer an Friedenskongressen, wo er manchen Friedensbeschluss erreichen kann. Dazu bedient er sich der verschiedensten Tarnnamen, was der Fantasie seiner Zeitgenossen für Gerüchte aller Art Nahrung gibt. Er wird verwechselt mit Scharlatanen, und gerne werden ihm auch die erotischen Eskapaden des Grafen von Saint Germain, des Kriegsministers Ludwigs XVI., unterstellt. Der preußische König Friedrich der Große schreibt an Saint Germain, der gerade mit dem Tarnnamen »Solar« unterwegs ist:

»Ihr ehrwürdiger Charakter ist mir sympathisch. Sie sind der geeignete Mann, meine Worte dem König von Frankreich zu sagen, dass Frankreich seinen Frieden mache mit Preußen und England«, und der französische Gesandte in Rom, der Herzog de Choiseul, der später französischer Außenminister und sein größter Feind wird, schreibt: *»Die Abreise von San Germano vom Goldenen Vlies, welcher als Gesandter Sardiniens den Vertrag zwischen Spanien und Österreich zustandebrachte, wird von der Herzogin von Louxembourg und uns allen sehr bedauert.«*

Die komplizierte politische Geschichte Europas im 18. Jahrhundert unter Mitwirkung des Grafen von Saint Germain möchte ich hier aber nicht weiter erörtern, weil sie den Rahmen dieses Buches sprengen würde und dafür auch ohne Belang ist.

Saint Germain unterhält Internatsschulen, in denen er auch selbst lehrt. Sein Wunsch ist es, ausgewählten jungen Menschen das uralte, immer gültige spirituelle Weisheitswissen, ihre abendländischen Wurzeln und ethische Werte nahezubringen. Er hat die Vision, dass durch diese Erziehung und die Schulungen, die auch alle weltlichen Wissensbereiche abdecken, junge Menschen auf große Aufgaben vorbereitet werden, die den künftigen Geschicken Europas in allen gesellschaftlichen Bereichen, wie der Politik, Diplomatie und Justiz, der Wissenschaft, der Religion, der

Medizin, der Künste usw., zum Fortschritt und zum Guten dienlich sind. Damals und dort beginnt die Geschichte dieses Buches.

Der Graf spielt eine maßgebliche Rolle als Mitglied und Reformator verschiedenster Orden, wie der Freimaurer, Rosenkreuzer, Malteser- und Tempel-Ritter (der Templerorden wurde zwar im Jahre 1314 brutal ausgerottet, aber Reste existierten, zumindest noch im 18. Jahrhundert, unter dem schützenden Mantel anderer Orden weiter), die er auch auf Kongressen und an den europäischen Höfen vertritt.

Dass eine Befriedung und Einigung Europas nicht durch die Fürsten zustandekommen würde, ist Saint Germain klar. So setzt er seine Hoffnungen auf die Orden und Logen, deren Anliegen es gleichfalls ist, Europa zu einen und damit Frieden zu schaffen. Dies kann aber nur gelingen, wenn zuvor die Orden selbst sich vereinigen und gemeinsam dem hohen Ziel zustreben.

»Doch bei ihnen sollte auch erst ein Dach gebaut sein, unter dem der Tempel der Menschheit wirksam werden könnte«,

zitiert ihn seine Biografin Irene Tetzlaff. In diesem »Tempel« sollte Religionsfreiheit das Fundament sein.

Sein Ordensbruder und enger Freund ist der Landgraf Carl von Hessen-Kassel, Statthalter der dänischen Krone für das Herzogtum Schleswig-Holstein. Er schreibt in seinen Memoiren:

»Saint Germain kam bald darauf nach Schleswig. Er sprach mit mir von großen Dingen, welche man zum Besten der Menschheit tun wolle usw. Ich hatte keine Lust dazu, aber zuletzt machte ich mir ein Gewissen daraus, Kenntnisse, die in jeder Hinsicht wichtig waren, aufgrund einer vermeintlichen Weisheit oder aus Geiz zurückzuweisen, und ich wurde sein Schüler.«

Auf Einladung des Freundes verbringt Graf Saint Germain seine letzten Jahre in Eckernförde, wo auch sein irdisches Leben ausklingen wird.

Sein Lebensabend ist ruhig, aber nicht untätig. Er kümmert sich weiter um die Reformierung der Orden, macht noch einige Reisen und ist Direktor einer Fabrik, wo er seinen Erfindergeist zum letzten Mal auslebt. Der Landgraf kommt oft zu Besuch, und die beiden führen zusammen alchemistische und chemische Studien und Experimente durch.

In Abwesenheit seines Freundes stirbt Saint Germain am 27. Februar 1784. Er wird in der Gruft der Nicolaikirche beigesetzt. Es existieren zwei Legenden, die eine besagt, dass man nach einer Überflutung der Kirche seinen Sarg leer vorfand; die andere Legende erzählt von demselben Vorfall, als Carl von Hessen seinen Leichnam exhumieren lassen wollte.

Nach seinem »Tod« wird er noch häufig gesehen, unter anderem viele Jahre später bei der Beerdigung seines Freundes Carl, wo er in »altmodischer Kleidung« den Sarg begleitet haben soll.

Landgraf Carl von Hessen-Kassel schrieb einst an Prinz Christian von Hessen-Darmstadt:

»Was Saint Germain betrifft, so bin ich der Einzige, dem er sich anvertraut hat. Er war der größte Geist, den ich jemals kannte.«

DIE AUFGESTIEGENEN MEISTER
AM BEISPIEL SAINT GERMAINS

Zunächst ist zu klären, was eigentlich ein Aufgestiegener Meister oder eine Aufgestiegene Meisterin ist. Da ich mir nicht anmaße, diesen komplexen Begriff erklären oder gar erfassen zu können, lasse ich Saint Germain selbst zu Wort kommen mit Auszügen aus einem Text (kursiv gedruckt) über seltsame Auswüchse unter dem Deckmantel der Esoterik, den er Myra diktiert hatte, als uns einige Veröffentlichungen über ihn und andere Aufgestiegene Meister sehr eigenartig und unglaubwürdig erschienen und wir ihn um eine Erklärung baten.

Wir dürfen den sogenannten Aufgestiegenen Meistern (das ist ein Begriff, der nicht von ihnen selbst stammt und den Saint Germain auch nicht schätzt; einmal sagte er »*die, die ihr Aufgestiegene Meister nennt*«), die in den feinstofflichen Welten zu Hause sind und zumeist von dort aus wirken, durchaus auf Augenhöhe begegnen, denn wir alle sind Meister auf den verschiedensten Stufen des sogenannten Aufstiegs. Jeder Mensch kommt auf seiner äonenlangen Lebensreise zurück zu seiner Quelle, der Ur-Heimat, und diese Reise führt sowohl durch die grobstoffliche Welt (also unsere Erde) als auch durch die jenseitigen, feinstofflichen Welten in den Zeiten zwischen den Inkarnationen bis zu einem Punkt der Entwicklung, an dem er eintreten darf in höchste Sphären, aus denen keine Rückkehr zur Erde, in die Materie, mehr notwendig und möglich ist. In diesen, für uns nicht vorstellbaren geistigen Reichen scheint irgendwann und irgendwo (allerdings existieren dort weder Zeit noch Raum) unser Verschmelzen mit dem göttlichen Urgrund zu geschehen.

Bevor wir diese Sphären betreten, von denen keine Rückkehr zur Erde mehr möglich ist, können wir uns entscheiden, ob wir dieses »Tor« tatsächlich durchschreiten wollen. Saint Germain hat versucht, uns dieses Geschehen mit einem bildhaften Gleichnis von Jakobs Traum aus dem Alten Testament anschaulich zu vermitteln:

»Jakob träumt, dass Engelwesen auf einer Leiter, die bis in den Himmel reicht, hinauf- und hinuntersteigen, sich zwischen Himmel und Erde bewegen. Was waren das für Engelwesen, die er sah? In Wirklichkeit sah er nur Menschen in ihrem normalen Bewusstseinszustand auf ihrem Pfad zwischen Himmel und Erde in unterschiedlichen Entwicklungsstufen. Die Tatsache, dass sie ihm wie himmlische Wesen erschienen, drückt sein inneres Wissen um Ziel und Zweck des Lebens aus, das darin besteht, die Himmelsleiter emporzusteigen, also den inneren Aufstieg aus dem Zustand des ›Gefallenseins‹, wieder zurück zum Ursprung, ins Paradies, zu vollbringen.«

Und er benutzt diese Geschichte weiter als Erklärung für das Phänomen der Aufgestiegenen Meister:

»... Er (der am Ende der Jakobsleiter angekommene Mensch) hat nun die freie Entscheidung. Er kann in dieser wieder erreichten Freiheit die Jakobsleiter hinaufgehen und ›in den Himmel eintreten‹. Aber nein, er wird, da er nun das Prinzip der reinen Liebe

verkörpert, diese Gedanken nicht mehr in sich haben. Er wird zurückgehen, denn er hat die Herrlichkeit geschaut und dabei zurückgeblickt auf jene, die sich noch quälen auf der Sprossenleiter. Viele, die vielleicht einmal Weggefährten waren, befinden sich noch, oder wieder, ganz unten in der Gefangenschaft der Sinne. Er wird also zurückgehen, um all das Empfangene weiterzugeben an jene ...«

Für diese fortgeschrittenen Wesen also hat sich im Laufe der letzten Jahrzehnte die Bezeichnung »Aufgestiegene Meister« herausgebildet. Aber es ist wohl auch deutlich geworden, dass die Jakobsleiter den Entwicklungsweg eines jeden Menschen repräsentiert. Wie unfassbar aber für irdische Begriffe diese reine Liebe ist, mag man ermessen, wenn man erfährt, dass jeder dieser Weltenlehrer sich verpflichtet, so lange nicht »in den Himmel einzutreten«, bis auch der letzte seiner Schüler das Ziel erreicht hat.

Saint Germain (und auch anderen Meistern) werden innerhalb der esoterischen Literatur verschiedenste prominente Inkarnationen zugeschrieben. So soll er unter anderem der Zauberer Merlin aus der Artus-Sage gewesen sein, Christoph Kolumbus, Joseph, der Vater von Jesus, Christian Rosenkreuz und auch der Autor der Shakespeare-Dramen. Die Frage nach Letzterem hat er uns nicht beantwortet, allerdings äußerte er sich zu Merlin, Joseph, Kolumbus und Christian Rosenkreuz.
Merlin, so sagte er, wäre keine historische Person, sondern eine allegorische Figur, die die weise Natur des keltischen Druidentums repräsentiert, so wie auch die Ritter der Tafelrunde aus der Artus-Sage keine historischen Gestalten sind (außer King Arthur, der vermutlich im 5. Jahrhundert nach Christus ein britischer Feldherr war), sondern Symbolfiguren für die verschiedenen Entwicklungsstufen des Menschen. Gewiss mögen historische Personen hier und da als Vorbilder für die Sage gedient haben.

In einer seiner Inkarnationen war Saint Germain tatsächlich Joseph, allerdings Joseph von Arimathia. *»Jeheschua (Jesus) war meiner Schwester Sohn.«* Er war also der Onkel von Jesus (und der Bruder von Mirjam, der Mutter von Jesus) sowie auch dessen Lehrer, und er reiste mit ihm. Dies war die Zeit zwischen Jesu 12. und 30. Lebensjahr, die der Kirche als die »unbekannten Jahre« gelten und von denen sie meint, er hätte sie bei seinem Vater als Schreinergeselle verbracht. Sie reisten nach Griechenland, Ägypten, Indien, Tibet usw. Es waren Reisewege, die der Erkenntnis, der Einweihung und Vorbereitung auf die große Aufgabe galten, die Jesus anschließend in der kurzen Zeit von drei Jahren zu erfüllen hatte.

Dem Meister Saint Germain wird eine besondere Nähe zu Amerika nachgesagt. Dazu äußerte er sich:

»Mein Name war in Amerika nach der Jahrhundertwende (19. auf 20. Jahrhundert), einhergehend mit einem jäh aufgeflammten Nationalismus, eine Art Wunderdroge aufgrund des Booms, den die Bücher von Madame Blavatzky (Begründerin der Theosophischen Gesellschaft) *auslösten. Und es ging lebhaft das Gerücht im ganzen Lande um, dass ich dereinst das vollenden würde, was ich als Christoph Kolumbus begonnen hätte. Was immer man dabei von mir erwartete, ich war zu Kolumbus Zeiten im Britischen und konnte daher auch späterhin nicht vollenden, was er begann, eine schreckliche Vorstellung auch, da dieses ›Erbe‹ von mir nicht hätte ausgelebt werden wollen.«* Und weiter: *»Seit jeher war ich an Europa gebunden und habe meinen Entwicklungsweg als ›großer Europäer‹* (so wurde er genannt) *abgeschlossen in dem brennenden Wunsch, Europa zum Wiederauffinden seiner Wurzeln zu verhelfen und seines geistigen Erbes, das in zweitausend Jahren Kirchengeschichte fast verloren gegangen war.«*

Das Buch »Die chymische Hochzeit des Christian Rosenkreuz« von Johann Valentin Andreae (1586–1654) ist laut Saint Germain

»*ein zeitloses Märchen, das wie jedes Märchen die Bildersprache der Seele, die eine archetypische Bilderwelt ist, benutzt und damit eines jeden Menschen Seelenreise am Beispiel der allegorischen Figur des Christian Rosenkreuz in sieben Stufen beschreibt.*«

Christian Rosenkreuz ist also keine Person der Geschichte, und das Buch war ein Auftragswerk des »Inneren Ordens« der Rosenkreuzer, dessen Ursprung in uralten Zeiten zu finden ist und der wenig zu tun hat mit den heute existierenden äußeren Orden.

Zu weiteren, seine Person betreffenden Behauptungen in einschlägiger Literatur äußerte er sich wie folgt:

»*Ich habe meinen Wohnsitz weder über Transsylvanien noch in irgendeinem anderen Tempel in den Ätherreichen, sondern nur in euren Herzen. Ich liebe das göttliche Feuer, das reine Christuslicht und diene ihm, wie alles ätherische Leben ihm dient. Ich bin seit altersher Lehrer und finde meine Schüler weltweit, aber ich lebe mit jenen Brüdern und Schwestern im Fernen Osten in bescheidenem Heim und liebe Amerika wie alle anderen Länder, die sich dem Licht öffnen.*
Wenn ihr mich ruft, komme ich auf euren Ruf augenblicklich und bringe euch das göttliche Feuer der Reinigung. Aber ich bin nicht dessen alleiniger Hüter und Lenker. Dies ist eine ebenso irrige Auffassung wie jene über das besondere Wirken der Heiligen und Engelkräfte und deren ›Wohnstätten‹ sowie ihrer Zugehörigkeit und Wirkweise zu und auf dem einen oder anderen ›Strahl‹. Die Vorstellungen, die hier verbreitet wurden und noch immer werden, sind vom wahren Wesen der Gottesflamme, dem reinen Christuslicht, um Lichtjahre entfernt. Genauso irrig sind

die Vorstellungen, wir bräuchten eine bestimmte Musik, mit Hilfe deren Schwingungen wir erreichbar seien. Musik spielt wohl eine beherrschende Rolle auch in unserem Dasein, aber ich öffne euch die Türen meines Herzens auch ohne Musik und liebe es, wie alle meine Brüder und Schwestern, wenn die Schüler sich uns in Stille nähern, wie ihr wisst. Weder ich noch mein geliebter Bruder Zadkiel (Erzengel-Energie) *haben mit Johann Strauß zu tun* (es wird verbreitet, er hätte Johann Strauß inspiriert und mit dem Walzer *Geschichten aus dem Wienerwald* könne man die beiden, Saint Germain und Zadkiel, erreichen)*. Das alles geht von völlig irrigen Vorstellungen bezüglich meiner Herkunft in meinem letzten Erdendasein aus* (im 18. Jahrhundert in der österreichisch-ungarischen Monarchie, deren Bürger auch Johann Strauß im 19. Jahrhundert war)*, wie es mangels Überblick über die europäische Geschichte von Amerika ausgehend weiter kolportiert wurde.«* Und mit feinem Humor: »*Meine bescheidene Person erfuhr eine so unglaubliche Metamorphose, dass ich selbst Mühe habe, mich bei mir noch zurechtzufinden. (...) Der Name Saint Germain gehörte zu jenem Menschen, der neunzig Jahre lang teilhatte an den Geschicken seines Jahrhunderts. Der Lehrer, der er seit jeher war und ist, trägt einen anderen Namen, wie ein jeder Träger eines heiligen Namens ist, der in den inneren Reichen lehrt und wirkt. Ihr aber wollt mich mit dem euch bekannten Namen im Herzen behalten.«*

Zu verschiedenen fantasievollen »Anreicherungen« innerhalb der esoterischen Literatur, wo man offenbar meint, man müsse den geistigen Gesetzen neue hinzufügen oder sie gar »verbessern«, äußerte er sich:

»*Es gibt im Bereich der geistigen Welt keine neuen Errungenschaften, da die alte Ordnung sich noch immer als die einzig wahre erweist ... Und so muss ich einem jetzt um sich greifenden*

Phänomen eine absolute und für viele vielleicht schmerzliche Absage erteilen: Es gibt keine neuen geistigen Gesetze und keine neuen himmlischen Tempelanlagen. (...) Glaubt nicht den blumigen Worten neuer Religionsgründer und ihrer Botschafter, sondern einzig der alten, immerwährenden Wahrheit und Wirklichkeit, wie sie in den heiligen Büchern und in den Erfahrungen und Zeugnissen der Mystiker und Erleuchteten aller Zeiten aufbewahrt wurden. Glaubt nicht daran, dass irgendwelche Aufgestiegenen Meister aus über- oder unterirdischen Tempeln zum Wohl der Welt irgendwelche Flammenkräfte lenken. Ihr selber müsst die Herzensflamme in euch entzünden und lenken, um so euren bedrängten Mitgeschwistern ein Licht in der Finsternis eurer Zeit zu sein. Kein Meister und kein Erzengel nimmt euch diese Aufgabe ab. (...) Deshalb rufen jene Kräfte, die es seit Urzeiten unternommen haben, die Menschen aus dem Zentrum ihres Herzheiligtums heraus zu begleiten, allen zu, die sich weder verführen noch manipulieren lassen: Folgt nicht blind irgendwelchen Lehren, die nicht verbunden sind mit der Urtradition und mit dem alten Wissen, das für alle Ewigkeit bewahrt wird von den Eingeweihten der alten Hochreligionen. Es begegnet euch dies auch nicht in der Umdeutung der einzig wahren Lehre durch die verschiedenen christlichen, buddhistischen oder hinduistischen Konfessionen oder Richtungen, sondern dort, wo sich der Kern aller Religionen befindet: in der EINHEIT ALLEN WISSENS UND SEINS, wo es weder Auserwählte noch Verstoßene, sondern nur KINDER DES EINEN VATERS gibt ...«

Zu seinen immer wiederkehrenden kritischen Äußerungen über das etablierte Kirchen-Christentum äußerte er sich mit folgenden Worten: »*Manche bezeichnen es als Manie, dass in meinen Schulungen mit den Kirchen, eigentlich der Kirche, so unerbittlich ins Gericht gegangen wird. Diese Unerbittlichkeit aber ist nötig, da sonst die ausgetretenen Pfade nicht verlassen werden können.*

Es muss zu einer esoterisch-spirituellen Erneuerung des christlichen Abendlandes kommen. Es muss den neu-esoterischen Pseudo-Lehren, die wildwuchernd um sich greifen, die Nahrung entzogen werden. Die Menschen müssen endlich auch spirituell mündig werden im Sinne einer universellen Spiritualität, die frei ist von allen Modetorheiten des Zeitgeistes, allen primitiven Formen personifizierter Gottheiten und den damit verbundenen naiven Vorstellungen ihrer Lebensräume. Spiritualität muss endlich in die Seele des Menschen verlagert werden. Nur dort vermag sie aufzugehen und ihrem Menschen Frucht zu bringen. Der Schüler muss angehalten werden, sich Gott nicht mehr außerhalb seines Wesens zu denken.«

Da in den nun folgenden Texten auch Begriffe wie Kabbalisten, Freimaurer und Rosenkreuzer vorkommen, möchte ich abschließend noch einige erklärende Sätze unseres Lehrers anführen:

»... So mochte zunächst der Eindruck entstehen, dass hier den Vertretern westlichen Gedankenguts, wie den Rosenkreuzern und Freimaurern sowie den Kabbalisten, ein gewisser Vorrang eingeräumt wird. Diese Auffassung möchte ich korrigieren. Gerade in den eben genannten Gruppen gibt es nach wie vor ein hohes Maß an Uneinigkeit, und die Geschichte dieser Bewegungen lehrt, dass es keinem einzigen äußeren Rosenkreuzer-Orden und keiner Freimaurer-Loge gelungen ist, über die Zeiten hinweg zu bestehen. Alles Bemühen der bonafiden (gutgläubigen, in gutem Glauben handelnden) Botschafter war letztlich ›verlorene Liebesmüh‹ und die Machenschaften Einzelner brachten immer wieder das ganze System in Verruf. Niemals waren es äußere Gemeinschaften, Orden und Bewegungen, die Zugang hatten zur wahren Quelle. Diese im Außen Wirkenden haben seit jeher andere Aufgaben zu bewältigen, als eine Lehre, zu der sie kaum Zugang haben, rein zu erhalten. Hier muss erst einmal das Miteinander

erlernt und das Gegeneinander überwunden werden, ehe man jenseits menschlicher Schwächen den Urgrund als den Mutterboden, aus dem die Quelle entspringt, erkennt. Die Lichtträger sind die Angehörigen der Inneren Orden, die im Verborgenen wirken und dem Zentrum der Welt, dem göttlichen SHAMBALLA und dessen Leiter, dem MANU, direkt unterstellt sind. Dort befinden sich die wahren alchemistischen Schmelzöfen und Lebenselixiere und deren verwandelnde Kraft. Und es sind die Lehrer der Lehrer, die wahren Weißen Brüder und Schwestern, die von diesem Ort ausgehen in alle Welt. Man mag sie in eurer Welt Meister nennen, nach menschlichen Begriffen ist dieser Titel sicher zutreffend. Ihr Wirken ist nicht gerichtet auf das Lenken von Flammenkräften, wie es von äußeren Gruppen gelehrt wird, sondern auf die Ausgießung des reinen weißen Christuslichtes, das wir in Anlehnung an den ›dreimal großen Hermes Trismegistos‹, den Stammvater aller Weisheitslehren, TELESMA, den Vater aller Wunder nennen und dessen Empfänger und Transformatoren sie sind und das sie, dem Schwingungsfeld der physischen Erde gemäß, nun in die Herzen der aufnahmebereiten Schüler senken. Ihr Wirkungsbereich ist die Ebene Jetzirah der Kabbala. So mögen diese Ausführungen gleichwohl als ein Aufruf verstanden werden, dem INNEREN ORDEN, dem HERZENSORDEN DER WELTBRUDERSCHAFT beizutreten und dem Suchen auf der Ebene der äußeren Gruppierungen, auch wenn sie sagen, sie stünden unter dem Einfluss der Weißen Bruderschaft, für immer zu entsagen. Wie kann ein Beitritt in das HERZHEILIGTUM erfolgen? Indem ihr eure Herzen zu Lichtherzen macht und den WEG NACH INNEN geht, die äußeren Sinne verschließt und in mystischer Innenschau den Weg eures inneren Lichtes bis hin zur Quelle verfolgt.«

Damit ist nicht gemeint, dass wir ausschließlich in unser Inneres zu blicken hätten. Wir dürfen gerne auch alle Annehmlichkeiten genießen, die uns die irdische Welt zu bieten hat, sofern wir dadurch keinen Schaden anrichten. Aber unser Fokus sollte auf den Grund gerichtet sein, warum wir hier sind: die Kette unserer unzähligen Lebensreisen zu beenden und zurückzukehren in die Einheit mit unserer göttlichen Quelle. So sollte die geistige Entwicklung für den erwachenden Menschen Vorrang haben, denn er weiß, er ist zwar in dieser Welt, aber er ist nicht von ihr.

Saint Germain erwähnt im nachfolgenden Text die »verborgene Regierung im Zentrum der Welt«. Um Missverständnissen vorzubeugen, hier handelt es sich selbstverständlich nicht um eine der obskuren Verschwörungstheorien aus einschlägiger Bücherflut. Diese »Regierung« in diesem »Zentrum« ist geistiger Natur und allen Geschöpfen mehr zugetan als irdische Regierungen es jemals vermögen.

Liebe Leserin, lieber Leser, lassen Sie sich nun von einem der Weltlehrer an die Hand nehmen, folgen Sie ihm in seine und unsere Welt des Geistes, des Lichtes und der »einen universellen Lehre« und nehmen Sie »ein bisschen Lebenshilfe« in Anspruch.

Brigitte Hussak

1. TEIL

SAINT GERMAIN –
DAS WEISSE CHRISTUSLICHT
ALS INNERE ERFAHRUNG UND
HEILENDE ENERGIE

EINLEITUNG

Stets hat das »Zentrum der Welt« in Zeiten der Not seine Tore weit geöffnet und Boten ausgesandt, die der bedrängten, gefährdeten und blind gewordenen Menschheit wieder das Gesetz verkündeten. Dieses GESETZ ist das einzige lebenserhaltende Prinzip, dem alles Leben entspringt und zu dem alles zurückkehrt, was vom Ursprung ausging. Das GESETZ beinhaltet alles, was je gedacht und geschaffen wurde. Es ist Schöpfer und Schöpfung zugleich.

Das Wissen um diese Gesetzmäßigkeit des Lebens wurde nur im Geheimen gelehrt, um es vor dem Zugriff der dialektischen Natur zu bewahren. Nur in diesen geheimen, hermetisch abgesonderten Zentren konnte die Urtradition über die Zeitalter erhalten werden, wo sie von Generation zu Generation nur an jene weitergegeben wurde, die sich durch eigene Anstrengung ein Anrecht auf dieses Erbe und Wissen erworben hatten.

Keine der etablierten Religionsgemeinschaften war je im Besitz dessen, was die Mysterienschulen in ihrem Schoße bewahrten. Denn die Schulungen empfängt dem Gesetz gemäß jeder in sich, und er muss hierfür nicht irgendwelche Tempel aufsuchen.

EIN TEMPEL IST IN WIRKLICHKEIT
GOTTES HAUS
IM INNEREN EINES JEDEN HERZENS.

Deshalb gehören die äußeren Kirchen und Religionsgemeinschaften nicht unbedingt in den Wirkungskreis des wahren geistigen Zentrums; die »wahre Kirche« ist seit jeher verborgen. Die großen Abgesandten der »Himmlischen Bruderschaft«, die Religionsstifter, haben in Wirklichkeit keine Religionen gestiftet, haben keine Kirchen organisiert, sie haben weder Bücher geschrieben noch irgendwelche Lehren zusammengestellt. Alle haben der Menschheit ein und dieselbe Botschaft überbracht:

DU MUSST AUS DEINEM KÖRPER,
AUS DEINER PERSÖNLICHKEIT IM EIGENEN
MIKROKOSMOS EINEN TEMPEL MACHEN,
IN DEINER EIGENEN WESENSWIRKLICHKEIT
UND WESENSMITTE MUSST DU
EINE KIRCHE GRÜNDEN.

Und das bedeutet, dass wir alles tun müssen, um den Impuls der Himmlischen Bruderschaft im eigenen Heiligtum des Herzens auf die rechte Weise zu empfangen.

Diese »Himmlische Bruderschaft« ist heute auf oft recht banale Weise ins Bewusstsein der Menschen gedrungen. Ausgehend von einer großen Sehnsucht, von der Ahnung um die große weltumspannende Wirklichkeit des geistigen Zentrums der Welt, empfing in den Dreißigerjahren des 20. Jahrhunderts in Amerika ein Mann (Godfree Ray King, der Begründer der von Amerika ausgehenden I-AM-Bewegung), fußend auf der theosophischen Hinterlassenschaft, Impulse, die er zu einer zentralen »Lehre« verdichtete. Nie ist an dieser Lehre wirklich gerüttelt worden. Nie ist der Versuch unternommen worden, die verborgene Wirklichkeit, aus der dieses Wissen ursprünglich kam, zu enthüllen. Wenngleich sein Hauptwerk »Enthüllte Geheimnisse« betitelt wurde, enthält es nichts, was wirklich aus der Quelle, aus dem Born, der alles Leben speist, stammt.

Die wahren Rosenkreuzer, als Bewahrer der Urtradition, bedienen sich seit jeher des Bibelzitates: *»Enthüllte Geheimnisse werden wertlos, und entweiht verlieren sie ihre Kraft. Wirf darum keine Perlen vor die Schweine, und streue keine Rosen vor die Esel.«*

So findet sich in der Lehre dieser I-AM-Bewegung, die bis heute viele Nachahmer gefunden hat, nichts, was uns von der dialektischen Weltordnung wirklich befreien könnte. Welchen Nutzen haben Aufgestiegene Meister, himmlische Tempelanlagen und eine geistige Hierarchie von Meistern, Engeln und Erzengeln in der dort beschriebenen Weise wirklich für die Menschheit?

Wer das Wesen solcher Gott-Menschen und Gottes-Boten verstehen will, ist schon genötigt, sich mit der Urtradition, der wahren, verborgenen Lehre zu befassen, der Kabbala, dem Rosenkreuzertum. Denn von dort gehen die Impulse aus, und nur dort existiert seit jeher das Wissen, das die Anleitung zur Dechiffrierung der Symbolsprache liefert, in deren Lesart göttliches Wirken in seinem wahren Reich einzig und allein verständlich gemacht werden kann. Der Ursprung aller Weisheitslehren geht auf die hermetische Lehre zurück, aus der alle Weltreligionen bis zum heutigen Tag gespeist werden; sie verankerten dieses Wissen, gemäß dem kulturellen Umfeld, in dem es Wurzeln schlug.

In allen Religionen finden sich zweierlei Strömungen. Die eine, sattsam bekannte, die sich der dialektischen Weltordnung verschrieb und jene Brüder und Schwestern bis zur Ausrottung verfolgte, die das wahre Wissen besaßen. Und die andere, die im

Geheimen, da sie nur auf diese Weise überleben konnte, aus der Einwärtswendung, im Eins-Sein mit den kosmischen Gesetzen des Lebens in mystischer Innenschau das Erbe, das Urwissen bewahrte.

Wenn die wahre Lehre in ihrer Tiefe und ihrem Wesen erfasst wird, tritt der suchende Mensch mit einer großen Kraft in Verbindung, die von den Trägern der wahren Geistesschule ausgeht und die ihn schließlich zu einer intensiven, Seele und Körper umfassenden Umwandlung des Lebens führt, zu einem »Sterben-um-zu-leben«, zu einem absoluten dialektischen Untergang, der zur Auferstehung im Geiste, zur Transfiguration führt. Und dann tritt durch ein neues Leben aus dem Geist dieser Geist nach innen und wohnt dann in einer neuen Seele und in einem erneuerten Körper.

Es ist das Gebot der Stunde, dass die Schüler der wahren Geistesschule heute in ihrer inneren Struktur Veränderungen vornehmen, um sich auf die Zukunft vorzubereiten. Nur in völliger Übergabe der Strukturen des Egos wird es möglich sein, mit der Großen Weltbruderschaft zusammenzuarbeiten. Dann darf auch erwartet werden, dass diese bei den kommenden Ereignissen, die die heute bestehende dialektische Weltordnung zugunsten einer anderen, besseren hinwegfegen werden, in wahrhaft dienender Liebe bereitsteht.

So richtet sich dieses Buch an jene, die sich bewusst auf die Zukunft vorbereiten durch eine ruhige Besinnung auf die zu erwartenden Ereignisse. Und die aus einem besonderen Bewusstsein leben, das auf das großartige, unserem Mikrokosmos zugrunde liegende Ziel gerichtet ist, das man so beschreiben könnte:

DAS LETZTE ÜBERBLEIBSEL DES
URSPRÜNGLICHEN MENSCHEN,
DER SICH AUS DER VERKETTUNG VON

TOD UND GEBURT BEFREIT HAT,
DAS ALS SAMENKORN IN DER MITTE
DES HERZENS VERBORGEN RUHT,
AUS SEINEM SCHLAF ZU ERWECKEN
UND ZU NEUEM LEBEN ZU DRÄNGEN.

Dieses unvergängliche Samenkorn, das in der Lesart der Heiligen Schrift »Das Königreich Gottes im Inneren« genannt wird, bedeutet, dass Gott selbst in uns versunken, eingegraben liegt. Wir müssen uns wieder darauf besinnen, denn fast jeder hat es im Laufe seiner Erdenleben, auch durch äonenlange unrichtige Belehrungen, vergessen. Dieses letzte Überbleibsel in uns wieder zu großem Leben zu entwickeln, wird die Aufgabe der Zukunft sein. Es ist das Christusprinzip in jedem von uns, das in Jesus und anderen Heiligen als Wesenswirklichkeit nach außen strahlte. Auch wir können uns wieder in diese Strahlkraft begeben und sie gleichzeitig in uns erwecken, es bedarf dazu lediglich der Wahrnehmung des inneren Lichts, damit dieser Same sich dem Licht zuwenden und wachsen kann.

So wollen wir in diesem Buch versuchen, im reinen, serenen Licht unser Augenmerk nur auf diese Strahlkraft zu lenken. Wir werden keine hochtrabenden Titel und Diplome zu erwerben trachten oder komplizierte Symbole erlernen, deren wahrer Sinn uns nicht mitgeteilt werden kann. Wir entsagen einer forcierten Selbstsuggestion und werden dafür psychologisch weder ausgebeutet noch beschädigt und erhalten keinerlei Anweisungen für irgendwelche Übungen, die aus dem Reservoir mentaler Vorstellungen geschäftstüchtiger Vermarkter kommen.

Wir erfahren, was die »Sieben Strahlen des Geistes«, wie z. B. das violette Feuer, der grüne Heilstrahl, der rubinrote Christusstrahl, das göttliche ICH BIN, wirklich bedeuten und dass die uns bisher gegebenen Erklärungen nichts mit der Wesenswirklichkeit der wahren Universellen Bruderschaft gemein haben.

Dieses siebenfache Licht mit seiner hohen Vibration kann nur von jenen aufgenommen werden, die sich »nach dem Geiste sehnen«. Nur durch die Hingabe an den Pfad der Befreiung kann der »siebenfache Strom« uns berühren und können wir uns mit ihm verbinden, denn er stellt eine Brücke dar, die uns mit der dialektischen Welt und unserem eigenen lebendigen Seelenzustand verbindet.

Wir tauchen ein in die unpersönliche Liebe, die aus unserer eigenen Lebensmitte aufsteigt. Wir empfangen eine innere Schulung, in der wir lernen, die Vibration unseres Astralkörpers so zu erhöhen, dass wir eine andere Wahrnehmung für das entwickeln können, was wir anziehen oder abstoßen.

Wir unterziehen unser Gedankenleben einer Überprüfung, denn nur ein reiner Gedankenkörper erzeugt ein besonderes astrales Feld, eine höhere Vibration, so dass sich eine Offenheit für die Einstrahlungen der Universellen Bruderschaft ergeben kann.

Nur durch eine neue Lebenshaltung wird sich unsere Seelenqualität erhöhen. So werden wir erfahren, dass das Gehen des Pfades der Achtsamkeit nichts anderes ist als ein Entwicklungsweg, eine Folge des Empordrängens des astralen Vibrationsfeldes unseres Wesens, was wir einzig dauerhaft sichern können durch eine neue, dienende Hinwendung an das Leben und den Menschen.

Wir erfahren, wie unser Astralkörper beschaffen ist, wie er uns durchdringt und umgibt und wie wir seine Wesensnatur erkennen und unser Denken dauerhaft erhöhen können.

Und schließlich wenden wir uns dem wahren Zweck dieser Schulung zu, dem TELESMA-LICHT, das Hermes Trismegistos, der dreimal Große, in der Smaragd-Tafel beschreibt als

DIE KRAFT HINTER DER KRAFT,
DIE ALLE KRÄFTE BEWEGT,
DEN VATER ALLER WUNDER
IN DIESER UND DER ANDEREN WELT

Wir lernen, dieses heilende göttliche Licht anzuwenden durch das Auflegen der Hände, aber vor allem durch die innere Wahrnehmung seiner Strahlkraft, die uns zu einer erhöhten Wahrnehmung nicht nur der Bedürftigkeit unserer Mitmenschen führt, sondern auch unseres eigenen vernachlässigten Seelenmenschen. So werden wir die »Alchemie des Herzens« erfahren als den »Siebenfachen Pfad der Erhebung«. Es ist ein Pfad, den wir nicht außerhalb suchen müssen, dort, wo nur die dialektische Welt ihre Heimat hat, sondern wir können einkehren in unser eigenes inneres Königreich. Wir können uns diese innere Welt erschließen und den unsterblichen Menschen in uns befreien, indem wir in unser Herzheiligtum als dem Wohnort des Christus in uns heimkehren und die Lampe am TELESMA-FEUER entzünden, das unseren Pfad beleuchtet.

DU WILLST WISSEN,
WIE JESUS WIRKLICH GEHEILT HAT?

Es wird dir gesagt, dass man den Schlüssel hierfür heute gefunden habe. Keine Frage, es gibt wunderbare Heiler, aber keiner von ihnen würde sich anmaßen zu behaupten, er heile wie Jesus, weil er wisse, wie dieser geheilt hat.

Gewiss gibt es auch unter jenen, die die Kunst des Handauflegens nach einer heute sehr weit verbreiteten Methode (Reiki) gelernt haben, viele, die in tiefer Einwärtswendung an den Strom der heilenden Liebe angeschlossen sind. Dabei spielt es keine Rolle, ob sie dies durch »Einweihung« oder durch eigenes inneres Ausrichten auf die eine höchste Kraft erhalten haben. Und ebenso gewiss ist kaum einer der dort als »Lehrer« praktizierenden Menschen von seiner spirituellen Anlage her überhaupt fähig – und schon gar nicht berechtigt im Sinne einer universellen Lehrerlaubnis durch den göttlichen Gesetzgeber –, eine Einweihung, nur aufgrund einer durch Geld erworbenen Befähigung, weiterzugeben. Einweihen kann nach dem universellen Gesetz des verborgenen Zentrums der Welt nur ein wahrer Adept, der selbst durch das Studium der Einweihungswissenschaft gegangen ist, was in einem einzigen Leben nicht erreicht werden kann.

Hierzu bedarf es langer Erfahrungen, was bedeutet, dass das Leben eines solchen Menschen frei sein muss von allen Verstrickungen in die dialektische Welt mit all ihren verborgenen Fallen, die im Lichte dieser Welt besehen durchaus verlockend und erhebend sein mögen. Ein wahrer Adept der höheren Geistesschule wirkt im Verborgenen, so wie es die Überlieferung verlangt, und tritt nur dann auf den Weltenplan, wenn die Zeit dies erfordert. Die Zeit ist heute reif für solches Auftreten. Deshalb hat die »verborgene Regierung im Zentrum der Welt« einen Teil der Energien freigegeben, die der Menschheit auf ihrem Suchen und Tasten nach Erlösung Hilfe geben können. Und deshalb ist es auch möglich geworden, dass sich Systeme und Gruppierungen etablieren konnten, die gespeist werden aus dem Vorrat des ewigen Lichtes, das den Suchenden nun Hilfe und Kraft für die kommenden Zeiten gewährt. Aber es hüte sich ein jeder zu behaupten, es gäbe ein System, das das Wissen und die geistige Kraft vermittelt, die Jesus innewohnten *(in Reiki-Kreisen meinte man in den Neunzigerjahren, dass Jesus für seine Heilungen Reiki angewandt habe, Anm. d. Hrsg.).*

Wer nicht den CHRISTUS in sich selbst zur Verwirklichung bringt, ist nur ein Tastender, der nicht einmal den Saum seines Kleides unbeschadet berühren könnte. Nur die Ausrichtung auf das weiße Christus-Licht TELESMA schafft den Rahmen, in dem solche Heilungsarbeit einmal gedeihen kann. Dann aber beginnt erst der Weg der Einwärtswendung, das Schauen auf den innewohnenden Christus, was mit einem gleichzeitigen Blick auf die dialektische Welt nicht zu vereinbaren ist.

Dann muss die Sinnfrage gestellt werden und erst, wenn diese zugunsten des spirituellen Wachstums beantwortet werden konnte, kann etwas im Inneren aufblühen, was einmal in den ganzen, wahren Christus-Menschen zu münden vermag. Dann kann auch er Christusträger und Erlöser seiner selbst sein, wenn er den »Tod am Kreuz« durch die Überwindung seines niederen Ich gestorben ist.

Es wird aber beim Gewähren dieser Hilfe durch das Zentrum der Welt eine fundamentale Bedingung gestellt, nämlich, dass diese niemals persönlich ist! Ein Mensch verlangt naturgemäß nach einem Meister, einem Adepten, nach einer Autorität, die Hilfe gewährend gebraucht wird als Stützpfeiler und als ein Helfer beim Säubern der karmischen Wäsche. Wenn dies aber geschieht, kann nicht davon ausgegangen werden, dass man den naturgeborenen Zustand je wird überwinden können, denn die Ich-Zentralität würde so bestehen bleiben. Darum treten jene, die wirklich Hilfe geben können, kaum je wirklich in persönlichen Kontakt. Es geht lediglich darum, dass Hilfe gegeben wird, und diese wird dann so dosiert, dass der Schüler lernt, den einzig richtigen Entschluss für seine Lebenshaltung in seinem Inneren zu erfahren, wenn er die stärkende, unpersönliche Kraft in sich spürt.

Wer aus der Verstrickung der dialektischen Welt auferstehen will, empfängt, was dafür nötig ist, aber das Heilswerk muss er selbst vollbringen. So kann jede Hilfe, solange sie persönlich ist, nur wegweisend sein und muss nach der Weichenstellung wieder der unpersönlichen Raum geben.

WAS IST HEILUNG?

Alles, was wir heil(ig)end bewirken wollen aus dem Geist, hat mit Heilsein und **Heilung im Sinne von Ganzheit** zu tun. Wollen und absichtsloses Tun, schweigend eingekehrt in das Haus des Geistes und in das Herz als dem Seinsort der Seele, bringen uns der Heil(ig)ung und dem, was Heilung bewirkt, sehr nahe. Auch mit einem höchstschwingenden Heilungsgebet, das wir in einem späteren Kapitel kennen lernen werden, besitzt man noch nicht die ganze Formel, die Heilung auf allen Ebenen möglich macht. Aber durch den Gebrauch dieses Gebets wird das Bewusstsein immer wieder daran erinnert, sich dorthin zu begeben, wo aus dem Geist heraus alles bewirkt und gelenkt werden kann, was zur Ganzheit im Sinne einer allumfassenden Einheit führt. Einheit - Ganzheit heißt also auch, dass wir unser gesamtes Leben wieder vervollständigen = heiligen müssen. Dann können wir auch alles aus dem Wollen und Wirken des Geistes heraus, sofern es sich in göttlicher Ordnung, in Harmonie mit dem universalen Gesetz der Vollkommenheit befindet, erreichen.

Heilen ist demnach nichts anderes, als sich selbst und andere über das Bewusstsein wieder mit dem Ursprung, also mit der Vollkommenheit zu verbinden und über die Anerkennung dieses naturgeborenen Zustandes solch eine Verbindung dauerhaft zu sichern. Jeder, der aus dem Geist heraus heilt, muss diese Bewusstseinsstufen erst erklommen haben, auf welchem Weg und mit welcher Methode auch immer. Wie viele Menschen aber handeln immer noch oder nur in der »äußeren Welt«, verbunden mit dem »äußeren Selbst«, dem Ego, und wollen Heilung bewirken ...

Jenen, die zum Beispiel eine Einweihung in Reiki erhalten haben, wurde gesagt, dass sie das, was sie mit Reiki bewirken wollen, im Augenblick auch erreichen können. Woran aber liegt es, dass so wenig von dem *ver*-wirklicht werden konnte, was sie mit Reiki *be*-wirken, erreichen wollten? Es liegt nicht an einer eventuellen Wirkungslosigkeit von Reiki, sondern am Zweifel. Der Zweifel hindert uns daran, das, was uns gesagt wurde, als unsere tatsächliche Realität anzunehmen. So besehen liegt es nicht am Reiki-System oder an irgendeiner anderen Heilweise, wenn sich wenige oder keine Erfolge einstellen. Wer zweifelt, wird das Licht immer daran hindern, Heilung zu bewirken, was meint, den ursprünglichen Zustand wiederherzustellen.

Bittgebete um Heilung, ob innerhalb oder außerhalb des Reiki-Systems gesprochen, ob mit oder ohne Hilfe von Symbolen, werden gemäß dem Gesetz, das solche Handlungen »legitimiert«, immer abgewiesen, wenn sie nicht wirklich reinen Herzens - und das schließt naturgemäß auch den Zweifel aus - gesprochen werden.

GOTT IST WAHRHEIT, GOTT IST LIEBE.
DER WEG ZU GOTT IST DER EINZIGE WEG,
DEN EIN MENSCH ZU GEHEN HAT.
ALLE ANDEREN WEGE SIND UMWEGE.
DIESES ZIEL VOR AUGEN SOLLTE
DER MENSCH SICH AN SEINEN
LEBENSLINIEN ENTLANG BEWEGEN.

Wenn dieses eine Ziel als die einzige Wirklichkeit anerkannt und verfolgt wird, hat der Zweifel keine Gewalt über uns. Wir wissen dann, dass alle Erfahrungen, die uns auf unserem Lebensweg begegnen, Rückwirkungen unserer eigenen Taten sind, der guten wie der schlechten. In der Annahme dieser Gesetzmäßigkeit kann das Vertrauen als wichtigste Basis für unsere Beziehung zu Gott gedeihen. So den Blick auf Gott gerichtet, werden künftig weder Misstrauen noch Zweifel unsere Wegbegleiter sein, und der Dank fließt als Fülle des Gnadenstroms an uns zurück. **Gnade bedeutet immer, dass Karma aufgelöst wird.**

In der Annahme dieser Gesetzmäßigkeit liegt der Schlüssel für jede Art von Heilung. Indem wir anerkennen, dass alles, was in unserem Leben nach Erfahrung und Ausdruck drängt, immer die Antwort des göttlichen Gesetzgebers auf unsere persönliche Sinnfrage enthält – und diese erfolgt, dem Gesetz von Ursache und Wirkung (Karma) folgend, immer als Echo auf unsere »Tat« –, werden wir nie mehr Gott für irgendetwas verantwortlich machen, was sich in unserer Lebensspur als Krankheit oder sonstiges Ungemach zeigt.

GOTT ALS DAS EINZIG
GERECHTE PRINZIP ANZUERKENNEN,
IST GLEICHZEITIG DIE ANERKENNUNG
ALLER LEBENSPRINZIPIEN.
IN SOLCHER ERKENNTNIS KANN
AUCH HEILUNG MÖGLICH SEIN.

Sie wird dann eintreten, wenn das astrale Fluidum eine Rückkopplung unserer Liebe darstellt. In diesem Liebeslicht, in der Kraft des göttlichen Siebenfeldes wird unsere Ganzheit, unser Heilwerden (als Widerspiegelung dieser in der Siebenzahl symbolisierten

göttlichen Vollkommenheit) die Belohnung sein. Nun kann aufgelöst und transformiert werden, was als Erfahrung durch den
Geist der Liebe und durch die Anerkennung der eigenen Verantwortung in Bezug auf »Ursache und Wirkung« überwunden
wurde.

REIKI UND TELESMA
– DER UNTERSCHIED

Sind Reiki und TELESMA und andere Methoden der Geistheilung (also der Heilung durch den Geist) so gesehen Gnade? Ehe wir uns der Frage nach dem Wesen der Heilung aufschließen, wollen wir überprüfen, wie es sich mit unserer persönlichen Einstellung zum Problemkreis Krankheit und Heilung per se verhält.

So wollen wir zunächst die provokante Frage stellen, ist es möglich, dass bei Reiki, wo ich einfach auf die Wirkkraft von systemimmanenten Symbolen vertraue (deren wahre Natur mir aber letztlich niemand wirklich erklären kann), mehr passiert als bei der Anwendung von TELESMA, auch wenn ich mich nicht mit allen Sinnen und mit meinem liebenden Herzen auf das konzentriere, was ich tue? Das ist entschieden zu verneinen. Man zeige uns einen Menschen, der während einer nachlässig ausgeführten Behandlung wirklich im Heilstrom des göttlichen Lichtes steht, denn:

DAS EINZIG WIRKSAME PRINZIP
IM UNIVERSUM IST DIE LIEBE.
WO KEINE LIEBE FLIESST,
FLIESST NICHT DIE GERINGSTE
SPUR DES GÖTTLICHEN LICHTES.

Hinter jedem Gebet steht eine Heerschar von Engeln, die die Lichtspur legen zwischen dem Betenden und Gott. Für sie ist es einerlei, innerhalb welchen Systems sich der Betende bewegt. Ihrer Wesensnatur gemäß werden sie einzig nur auf Gebete aus dem Geist der Liebe antworten.

Es muss also auch bei der Anwendung von Reiki und anderen geistigen Heilweisen der Geist auf Gott gerichtet sein, um irgendetwas im Namen dessen bewirken zu können, der dem System Kraft, Autorität und Wirksamkeit verleiht. Wenn sich irgendwelche Reaktionen aufgrund einer unseriösen Behandlung zeigen, subsummieren sie unter dem bekannten Placebo-Effekt und haben nichts mit dem zu tun, was man als »Antwort der Engel« als jenen Gnadenstrom bezeichnen kann, der nur dann entsteht, wenn die Liebe das Motiv für die Handlung war.

Natürlich gehört auch Placebo in den Bereich von Heilung. Es handelt sich hierbei um die Aktivierung von Selbstheilungskräften aus der Kraft eines Glaubens, der sich aus scheinbaren Tatsachen ableitet, die dem Körper ein augenblickliches Signal zur Regression der ausgebildeten Symptome vermitteln können. Es erfolgt also auch hier eine Heilung durch die Annahme, dass das, was geschieht, dem großen Heilkreis entstammt, »leere« Pillen, leere, also tatenlose Versprechen, wie »Ich bete für dich«, Handauflegen ohne innere Verbindung des »Heilers« mit Gott usw. Das beweist besonders eindringlich das Jesus-Wort »*Dein Glaube hat dir geholfen*«. Der eigene Glaube ist die stärkste Kraft, die Heilung bewirkt.

Der »Heiler« aber, der solche Gutgläubigkeit missbraucht, wird zu gegebener Zeit mit den negativen Rückwirkungen seiner aus dem Ego kommenden »Hilfsbereitschaft« konfrontiert, auch wenn der Patient durch solche Maßnahmen tatsächlich geheilt wurde.

Auch TELESMA wirkt nur dann im richtigen Sinn, wenn wir während der Behandlung immer verbunden bleiben mit dem Strom der Gnade, was am leichtesten ist, wenn wir zur Konzentration ein Gebet als Mantra in uns bewegen. Auch ein Gebet ist eine Art von Symbol, mit dem großen Unterschied, dass es sich »von selbst erklärt«, und es setzt im Augenblick alle Kräfte frei, die in ihm verborgen sind.

Wie wir später noch sehen werden, erzeugt jede Art von Sprache ein Energiefeld, durch das die vermittelten Inhalte lebendig werden. Um wie viel intensiver also vermag, im Vergleich zu Symbolen mysteriöser Herkunft, solch ein Gebet, dessen Herkunft die Liebe und Zuwendung von Mensch zu Mensch darstellt, zu wirken. Selbstverständlich wirken Reiki und andere geistige Heilweisen ebenso, wenn dieses Prinzip der liebenden Zuwendung bei der Anwendung beherzigt wird.

Wie wir weiterhin feststellen werden, hat kein Symbol die Kraft, aus sich selbst zu bestehen, vielmehr definiert es sich aus der Bedeutung, die ihm beigemessen wird. Ein Gebet als Symbol vermag dies glaubhaft zu illustrieren.

Wie aber verhält es sich bei Symbolen, deren Sinngehalt man zwar annähernd zu wissen meint, von denen man aber weiß, dass ihre eigentliche Herkunft sowie ihr etwaiger Inhalt verborgen sind? Ja, dass es offiziell niemanden gibt, der auch nur annähernd Auskunft über deren wahre Herkunft und Bedeutung geben kann, und es sich bei allen gegebenen Erklärungen nur um vage Versuche handelt. Die Überlieferungen widersprechen sich ohnehin von Lehrer zu Lehrer und sind nicht auf ihren Wahrheitsgehalt hin zu überprüfen. Hinzukommt, dass dem System längst ein einheitlicher, ursprünglicher »roter Faden« verloren ging, weil jeder dieser »Lehrer« mit ihm nach Lust und Laune verfahren kann (innerhalb des Reiki-Systems wird mit Symbolen gearbeitet). Was bleibt also »unter dem Strich«? Dies bringt uns nahe an das heran, was wir über das Vertrauen sagten, ohne das nichts zu gedeihen vermag. Jemand, der Reiki im Vertrauen auf die Wirksamkeit der Symbole anwendet und dabei sein Herz Gott öffnet, wird immer an den Gnadenstrom angeschlossen sein, wie jeder, der TELESMA mit dem Gebet, also in der Hinwendung an Gott, anwendet. Der fundamentale Unterschied liegt darin, dass wir uns auf Dauer nicht in einer »Nebelwolke« bewegen können, auch wenn wir überzeugt sind, dass sich hinter dieser Wolke tatsächlich der blaue Himmel befindet.

Es hat mit unserer eigenen Aufrichtigkeit zu tun. Wenn eine Sache, auch wenn ihr ein »guter Geist« innewohnt(e), Schaden genommen hat durch unseriöse Praktiken und durch den Verlust einer einheitlichen Struktur, sollten wir uns von äußeren Formen verabschieden, aber das mitnehmen, was unserem eigenen Leben Reichtum und Richtung gab: das **Vertrauen**, die **Liebe** – und die **Lichtspur der Engel**, die mein Tun heiligten. Dann wende ich mich dankbaren Herzens für die mit Reiki gemachte Erfahrung der reinen Quelle zu, der das Licht entströmt. Diese Quelle nennt HERMES TRISMEGISTOS, der »dreimal Große«

TELESMA,

DEN VATER ALLER WUNDER UND

VOLLKOMMENHEIT

IN DIESER UND DER ANDEREN WELT.

ES IST DAS WEISSE CHRISTUSLICHT,

DIE KRAFT, DIE DEN KOSMOS

DURCHSTRÖMT UND AM LEBEN ERHÄLT.

Wir wollen uns aber noch einmal dem zuwenden, was unsere Bemühungen behindert, der Zweifel.

WO ZWEIFEL IST, IST KEINE LIEBE.
WIRKLICH LIEBEN KÖNNEN WIR UNS
UND ANDERE ERST DANN,
WENN WIR KEINEN ZWEIFEL MEHR DARAN
HEGEN, DASS AUCH GOTT UNS LIEBT!
ER, DER ALLE KRÄFTE BEWEGT,
BEWEGT AUCH DIE KRAFT IN UNS,
DIE UNS NICHT NUR LEBENDIG MACHT,
SONDERN IM SINNE DES WORTES HEIL.

Warum aber zweifeln wir so leicht an uns und unseren Fähigkeiten? Es ist keine Frage, dass wir viel überwinden müssen, aus Zeitaltern zu überwinden haben. Doch in dem Augenblick, in dem wir den Schlüssel in der Hand halten, und das Gebet ist solch ein Schlüssel, der uns daran erinnert, den Zweifel zu begraben und in **unsere Wirklichkeit** einzutreten, treten wir tatsächlich ein in diese Wirklichkeit. Sie ist **der Weg nach innen.**

Es ist der Weg, den wir eingangs schon skizziert haben, über das Schweigen in die Vergeistigung, dorthin also, wo der **Geist** beheimatet ist, jenseits all der Dinge, die uns hindern, diese Realität in uns anzuerkennen, jenseits des Zweifels und der Lieblosigkeit, der Lieblosigkeit gegen uns selbst und andere.

Es sind nicht nur bloße Worte, wenn wir uns an die göttliche Vollkommenheit wenden und sie auch für uns »beanspruchen«. Deshalb sollten wir diese Kraft auch niemals nur mit halbem Herzen anrufen und/oder halbherzig weitergeben.

DENN DIESE ANERKENNUNG IST
EBENSO VOLLKOMMEN WIE DAS LICHT,
UND WANN IMMER WIR UNS MIT IHR
VERBINDEN ODER SIE FÜR UNS
BEANSPRUCHEN, MUSS SICH DAS
VOLLKOMMENE ABBILD DESSEN,
AUS DEM DIE KRAFT KOMMT,
GEMÄSS UNSERES »BEFEHLS«
VERWIRKLICHEN.
AUF DIESE WEISE WIRKT GOTT!

Dies ist der wahre Sinn des TELESMA-GEBETES.

TELESMA-GEBET:
ICH BIN DAS REINE CHRISTUSLICHT.
CHRISTUS IN MIR IST VOLLKOMMENHEIT,
WIE DER VATER VOLLKOMMEN IST.

ICH ANERKENNE NUR DIESE
VOLLKOMMENHEIT
UND SEHE NUR VOLLKOMMENHEIT.

ICH BIN CHRISTUS,
DIE HEILENDE KRAFT TELESMA,
DIE KRAFT HINTER DER KRAFT,
DIE ALLE KRÄFTE BEWEGT.

ICH RICHTE MEIN DENKEN AUF
DAS HÖCHSTE IN MIR,
DAS WEISSE CHRISTUSLICHT,
DAS NUN DURCH MEINE HÄNDE,
AUS MEINEN HÄNDEN STRÖMT

UND ALLE BLOCKADEN LÖST,
DIE MICH HINDERTEN, DIE GÖTTLICHE
VOLLKOMMENHEIT ZU LEBEN.

ICH BIN VOLLKOMMEN,
WIE DER VATER VOLLKOMMEN IST,
UND ANERKENNE NUR DIESE
VOLLKOMMENHEIT.

DIESE ANERKENNUNG IST (WIE)*
EIN BEFEHL AN DAS LICHT,
DAMIT ES VOLLKOMMENHEIT ZEUGE.

ICH BIN FREI VON ALLEN SCHATTEN
(DER KRANKHEIT,)
ICH BIN LICHT,
DER LICHTE FUNKE
AUS DEM HERZEN MEINES
VOLLKOMMENEN SCHÖPFERS.

AMEN - OM

Diesem Gebet wollen wir nun unsere besondere Aufmerksamkeit schenken. Zentral beschäftigt uns hierbei die **Anerkennung der Vollkommenheit**, die gnadenbringend im Augenblick das Wunder der Heilung bewirken kann. Wir sind nicht abgesondert von jener Kraft, die den Kosmos erhält, ja, **verankert in der Anerkennung erkennen wir uns selbst als Teil dieser Kraft**, und indem wir das **Denken auf den höchsten Punkt in uns konzentrieren**, kann aus

---

* Die in Klammern stehenden Wörter können alternativ je nach Bedarf weggelassen bzw. verwendet werden.

der bisher rein mentalen Anerkennung plötzlich die Gewissheit in uns aufbrechen: ICH UND DER VATER SIND EINS - ICH BIN VOLLKOMMEN, WIE DER VATER VOLLKOMMEN IST. Alles nun Folgende ist die logische Konsequenz aus dieser Erkenntnis.

»Diese Anerkennung ist (= wirkt) wie ein Befehl an das Licht, damit es Vollkommenheit zeuge!« Also besteht eine Kluft, eine Differenz, ein gradueller Unterschied zwischen der Wirklichkeit und mir. Diesen Unterschied vermag ich mit meiner Anerkennung zu überwinden, um in meine eigentliche Wirklichkeit zurückzufinden. Deshalb ist Anerkennen in toto [im Ganzen, vollständig, Anm. d. Lek.] das Annehmen der Wirklichkeit und das Verstehen, dass mein momentaner (vielleicht kranker) Zustand nicht meine Wirklichkeit zum Ausdruck bringt.

Zweifel ist demnach die Unfähigkeit, die Wirklichkeit vom Schein (vom Scheinbaren), was meint von der Manifestation der »angenommenen Unvollkommenheit«, zu unterscheiden und mich dazu zu bringen, darauf zu beharren, die von mir durch mein Denken und Handeln erzeugte Realität wäre meine Wirklichkeit. Begrabe ich aber den Zweifel zugunsten der Anerkennung, d. h. des Glaubens, dann können sich die negativen Manifestationen auflösen in eine starke, positive Kraft, die mein Leben in einem Augenblick zu verwandeln vermag. **Alle Kraft ist in dir!**

Solange ich im Zweifel bin, also an den von mir bewirkten Manifestationen leide, bin ich (noch) gezwungen, meine gesamte Lebensweise dem, was in die Krankheit führte, anzupassen. Ich halte Diät, folge gesunden Lebensregeln, meditiere und achte auf viele äußere Dinge, die mir dabei helfen, den »äußeren Menschen« zu veredeln, damit er auf diesem Weg dem **wahren Menschen, der ich bin,** immer ähnlicher werden kann.

Lege ich aber allen Zweifel ab, bin ich augenblicklich in meiner Wirklichkeit = Vollkommenheit und identifiziere mich nicht mehr mit der Welt. Wenn dennoch Beschwerden bleiben sollten und noch immer Dunkelheit herrscht, obwohl der »Befehl an

das Licht« ausging, so ist die Kraft, mit der wir dieses Licht gelenkt haben, noch nicht wirklich rein, oder unsere Anerkennung
ist noch nicht vollkommen oder vollständig. Und es heißt ferner,
dass die Schatten, die in die Disharmonie (Krankheit) führten,
noch längere Zeit der Auflösung bedürfen. Das Licht aber strömt
ununterbrochen weiter, bis das Bewusstsein, unser Bewusstsein
und das Bewusstsein dessen, mit dem wir uns verbunden haben,
in diese Anerkennung mündet. Aber der geringste Schatten des
Zweifels bedeutet schon jenen Schatten, der das Licht verdunkelt.

Es ist der Zweifel indes aber auch eine wichtige Erfahrung, denn
er ist gleichzeitig auch der Motor unserer Psyche, der dieses wichtige Lebensgefährt in gewisser Weise fahrtüchtig hält und uns von
Station zu Station weiterbringt und uns somit auch immer mehr
für die Wahrheit öffnet, auch wenn uns dies zunächst als Parado-
xon erscheint. Wir müssen nur lernen, in welcher Weise wir mit
dem Zweifel Umgang pflegen. Wenn wir uns einmal wirklich beobachten, werden wir bemerken, dass wir sehr schnell und allzu
leicht dem Zweifel in uns Raum geben, dass wir ihn nähren mit
allen möglichen Meinungen, unserer und der anderer, die wir
schnell und ungeprüft zu unserer Wahrheit - als der einzig möglichen - erklären. Meistens nimmt der Zweifel einen viel größeren
Platz in uns ein, als die erwähnte Anerkennung des Lichts und
der Vollkommenheit. Da ist zuerst unser **Unterscheidungsvermögen** gefordert, so dass wir immer wissen, wer oder was den
Zweifel in uns auslöst und wie wir ihm begegnen können. Sobald
wir dies erkannt haben, werden wir nicht mehr zulassen, dass er
sich verselbstständigt und zu einer Art von Selbstzweck wird.

ÜBUNG:

WAS HINDERT MICH DARAN, DIE FRIEDVOLLE GEGENWART GOTTES IN MIR ZU SPÜREN?

Wie kann man die »friedvolle Gegenwart Gottes« beschreiben? GOTT ist nicht mit dem Verstand zu begreifen, seine Wesensnatur ist aber in jedem von uns spürbar, wenn wir uns der Mühe unterziehen, über unseren »Tellerrand« hinauszuschauen, den Blick also »von der Welt« abzuziehen und die inneren Augen zu öffnen. Hier in der tiefsten Tiefe unseres Seins können wir Ihm begegnen. ER IST UNSER LEBENSLICHT. Wenn ich nicht Frieden in mir schaffen kann, vermag ich ihn niemals in mir zu finden. Also muss ich erst meinen Geist befrieden, meine aufgebrachten Gefühle besänftigen und vergeben.

Wenn also Ruhe in mich eingekehrt ist, bin ich auch in der Lage, meditativ nach innen zu schauen, der Lichtspur meines Herzens zu folgen. Hier nämlich, in der Wirklichkeit des physischen Herzens, befindet sich die Stelle, an der meine Seele, mein Seelenleib, mit meinem physischen Körper tatsächlich verbunden ist. Diese Stelle ist ein tief leuchtendes Licht, das sogar die Apparatemedizin heute schon festzustellen in der Lage ist.

Wir spüren nun in unser Herz und begeben uns, vom sicheren Ort dieser Geborgenheit aus, in die dunklen Ecken unseres Seins und spüren unsere Sündenböcke auf, all die Schatten, die unseren Alltag verdüstern, unsere Muster und Verhaltensweisen; die unausrottbaren Schwächen; unsere rasche Art, etwas zu ver- oder beurteilen; die Unmöglichkeit, unsere Zunge im Zaum zu halten; die Manie, über andere zu sprechen; unsere Unbesorgtheit in Bezug auf Energieverschwendung (Geld, Benzin, Elektrizität, Wasser usw.);

unsere rasche Gekränktheit; unsere Eifersucht und Missgunst; den Neid; unsere Sorgen und Ängste; unseren Zweifel und den rasch nachlassenden Elan in spirituellen Dingen.

Wir schreiben alles auf und lesen es noch einmal durch. Nun übergeben wir die Blätter dem Feuer der Reinigung, Umwandlung und Transformation. Wir verbrennen (symbolisch oder tatsächlich) die Blätter und den Inhalt und übergeben sie dem Feuerengel ARAL mit der Bitte, den Frieden seiner Sphäre in unser Herz zu senken, damit wir im Feuer der Läuterung Frieden in unserer eigenen Seele finden können und damit umgewandelt werden kann, was unsere Gegenwart belastet.

ÜBUNG:

SELBSTLIEBE

Es kann sein, dass wir Schwierigkeiten mit dem Thema Selbstliebe haben und dass bei dieser Übung Aggressionen auftreten.

So wollen wir uns jetzt spüren in unserer Mitte, in unserem Selbst, dem wahren ICH BIN, in der Vergeistigung, der Überwindung aller Hindernisse, um uns selbst dort zu begegnen.

Wo ist dieser Punkt in mir – spüre in dich hinein –, wo ich wahrlich heil bin? Wo ich ganz bin, das heißt, geeint mit der Urkraft, dem Licht. Ist diese Kraft in mir, ist das Licht in mir, oder suche ich außerhalb? Brauche ich das Licht von anderen, um erhellt, erleuchtet zu werden?

Nein, hier wo der Geist zu Hause ist, ist auch die innere Heimat der Liebe! So sage dir jetzt »Ich liebe dich«, und meine dich! Meine dich mit allem, was zu dir gehört, hier in deiner Ganzheit! Sprich zu dir das mächtigste Wort der Lebendigkeit: Ich liebe dich – ich liebe mich! Ganzsein heißt bedingungslos lieben, erst einmal dich selbst! Und wenn jetzt etwas in dir schreit »nein, nein!«, so sprich die Formel umso lauter, denn der Geist in dir ist Liebe. Und wenn du deinem Schatten begegnest, so sei dir bewusst, dass er nur entsteht, weil Licht auf etwas fällt in dir!

Suche jetzt die Quelle des Lichtes in dir. Nimm wahr – wer oder was antwortet dir, wenn du sagst »Ich liebe dich«? Lass den Schmerz zu, der dabei vielleicht entsteht. Und nun segne die (oder den), die/den du liebst in dir!

Verlasse nun langsam wieder den Bereich des Geistes, nimm alle deine Sinne wahr und öffne die Augen.

TELESMA
– EINE BEGRIFFSBESTIMMUNG

So wollen wir uns nun TELESMA zuwenden und eine Begriffsbestimmung versuchen. Wir sprachen schon davon, dass das Wort TELESMA auf die *TABULA SMARAGDINA* der Hermes Trismegistos, des »dreimal Großen«, der die »Weisheit aller drei Welten« besaß, zurückgeht.

Es ist dies nicht der Rahmen, den Versuch einer umfassenden Deutung der *Tabula Smaragdina* (Smaragd-Tafel) zu unternehmen. Viele Gruppierungen taten dies mit größerem oder kleinerem Ergebnis, die Kabbalisten, die Rosenkreuzer, die Alchemisten sowie »gewöhnliche« Esoteriker aller Zeiten und Richtungen. Ebenso wie Sein und Wesen des Hermes Trismegistos im Dunkel der Zeiten entschwunden sind, so ist auch das Hauptwerk, das ihm zugeschrieben wird, aus jenem Stoff gefertigt, aus dem Mythen und Legenden gewoben werden. So wie aber jeder Mythos und jede Legende einen wahren Kern enthält, so ist auch die *Tabula Smaragdina* ein Werk wahrhaft göttlicher Inspiration, und die unauslotbare Weisheit, die ihr innewohnt, ist über alle Zeiten hinweg von bestürzender Aktualität. Es ist nicht vermessen zu sagen, dass sie die Urahnin der Bibel und aller anderen heiligen Bücher ist, wie auf Hermes alle Hochreligionen zurückgehen, was in unserer Lesart bedeutet, dass das Wissen des Hermes unser aller spiritueller »Background« ist.

Der Überlieferung gemäß ist Hermes Trismegistos identisch mit dem ägyptischen Gott Toth und dem griechischen Götterboten Hermes. Wie diese ungeheure Metamorphose zustande kam, ist für unsere Betrachtung nicht weiter von Bedeutung. Uns interessiert die Aussage in der *Tabula Smaragdina*, die der Sage nach im Grab des Hermes aufgefunden, in eine Platte aus Smaragd geätzt war. Hierin verbirgt sich der eigentliche Symbolgehalt, denn mit dem Smaragd verbindet sich immer das Mysterium der Einweihung.

DIE TABULA SMARAGDINA
DES HERMES TRISMEGISTOS

Von Meister Omraam Mikhael Aivanhov gibt es eine wunderbare Übersetzung aus dem Bulgarischen, von ihm ins Französische übertragen, die wir hier nun in der deutschen Übertragung wiedergeben. Es gibt viele Übersetzungen, die zum Teil erheblich voneinander abweichen. In dieser aber ist der ursprüngliche Geist in besonderer Weise lebendig und die im Original so benannte Kraft TELESMA als das zentrale kosmische Wirkprinzip getreulich aus dem Original übernommen und vergegenwärtigt:

TABULA SMARAGDINA:
  UND SO WIRD ALLE FINSTERNIS
  VON DIR WEICHEN,
  ES IST WAHR, OHNE LÜGE UND WIRKLICH:

  WAS OBEN IST, IST WIE DAS,
  WAS UNTEN IST, FÄHIG,
  DIE WUNDER DES EINEN AUSZUFÜHREN.

UND WIE DIE DINGE AUS DEM EINEN
GEKOMMEN SIND,
NÄMLICH DURCH DAS DENKEN DES EINEN,
SO WERDEN AUCH ALLE DINGE AUS DIESEM
EINEN DURCH ANNEHMEN GEBOREN.

DIE SONNE IST SEIN VATER,
DER MOND SEINE MUTTER.
DER WIND HAT ES IN SEINEM LEIBE
GETRAGEN, DIE ERDE IST SEINE AMME.
DIES IST DER VATER ALLER
VOLLKOMMENHEIT UND WUNDER
IN DIESER UND DER ANDEREN WELT.
SEINE STÄRKE UND MACHT SIND
UNBESCHRÄNKT,
WENN SIE IN ERDE VERWANDELT WERDEN.

DU WIRST DIE ERDE VOM FEUER,
DAS ZARTE VOM GROBEN TRENNEN,
SANFT UND SORGFÄLTIG.

ES STEIGT VON DER ERDE ZUM HIMMEL
HINAUF UND STEIGT WIEDER HERAB
AUF DIE ERDE,
UM DIE MACHT DER HÖHEREN UND
NIEDEREN WESEN ZU EMPFANGEN.

DU WIRST DURCH DIESES MITTEL
DEN RUHM DER WELT BESITZEN,
UND ALLE DUNKELHEIT WIRD
VON DIR WEICHEN.

BEI IHM IST DIE KRAFT - TELESMA,
DIE KRAFT HINTER DER KRAFT,
DIE ALLE KRÄFTE BEWEGT.

DENN ES WIRD JEDES FEINE DING ÜBERWINDEN
UND IN JEDES FESTE DING EINDRINGEN.
SO WURDE DIE WELT GESCHAFFEN.
AUS DIESEM WERDEN ENTSTEHEN
UND HERVORGEHEN WUNDERBARE
ANWENDUNGEN, ZU DENEN DIE
MITTEL HIER GEGEBEN SIND.

DARUM WERDE ICH HERMES TRISMEGISTOS,
DER DREIMAL MÄCHTIGE GENANNT,
DENN ICH BIN IM BESITZE DER DREI TEILE DER
PHILOSOPHIE DER WELT.
UND WAS ICH ÜBER DAS WIRKEN
DER SONNE GESAGT HABE,
HAT SICH ERFÜLLT.

Der Satz »Das, was oben ist, ist wie das, was unten ist« ist heute in aller Munde. Wer vermag ihn aber wirklich zu ergründen? Wenn jemand wie Hermes das Wissen aller drei Welten besitzt, dann kennt er, wie er, das Geheimnis der Einheit. Dadurch verstand es Hermes, sich dieser einzigartigen Kraft TELESMA mit ihren vielfachen Anwendungsmöglichkeiten zu bedienen. Wer in solchem Besitz ist, verfügt über allumfassendes Wissen und Können. Meister Jesus hat es uns vorgelebt. Von dieser Kraft sagt man auch, dass der, der sie besitzt, alle Herrlichkeiten der Welt erlangen werde. Welcher Welt? Sicher nicht der irdischen, wenngleich einem Menschen, der die Kraft TELESMA zu lenken weiß, natürlich auch auf der physischen Ebene alle Möglichkeiten offenstehen.

Dabei erinnern wir uns der Szene in der Wüste, da der Versucher vor Jesus hintrat und ihm sagte, dass er ihm alle Herrlichkeiten der Welt biete, wenn er ihn anbete.

Hier ist der Schlüssel für uns. Wir können dieser Welt mit ihren Scheinherrlichkeiten, die in Wirklichkeit das Reich des »Satans«, der Gegenschöpfung (im Sinne der Kabbala, was meint, der »niederen«, durch die in der Dualität/Polarität verhafteten Welt des menschlichen Geistes) ist, nur mit Blick auf das TELESMA-LICHT, das CHRISTUSLICHT, entsagen, wie es auch Jesus tat, was ihn schließlich dazu brachte, dass er alle Scheußlichkeiten und Gemeinheiten, die diese »satanische«, dialektische, »menschliche«, also von Menschen geschaffene Welt ihm zu bieten hatte, überwand, indem er bat »*Vater, nicht mein Wille geschehe, sondern der Deine. Und wenn es Dein Wille ist, dann lass diesen Kelch an mir vorübergehen!*« Und der Kelch ging vorüber, aber ganz anders, als es ein Mensch, der den Blick auf die niedere Welt gerichtet hält, meint, dass solches zu geschehen hätte: Jesus schaute auf den CHRISTUS in sich und ging durch die Hölle der dialektischen Welt, um in die **Freiheit des in CHRISTUS Erlösten** zu gelangen. Es ist die **Welt des Vaters**, die uns erlöst. In ihr ist das CHRISTUSLICHT die einzige Realität, nach der ein Mensch sich wirklich sehnen sollte. Und wenn Hermes Trismegistos und Jesus sie besaßen, sollten andere, die ihre ganze Liebe und Aufmerksamkeit auf das Gelingen des »großen Werkes« richten, dies nicht auch erreichen können?

Doch noch einmal zurück zur *Tabula Smaragdina* des Hermes Trismegistos.

Hermes also, so sagt Meister Aivanhov, ist eine Dreiheit, die sich auf allen drei Ebenen manifestiert. Mit ihm verbindet sich zunächst alles, was mit **Denken, Wissen, Erkenntnis** (als Wissenschaft) zu tun hat. Dies ist die erste Ebene der Geistigkeit, des Intellekts, mit der wohl niemand Probleme hat.

Auf der zweiten spirituellen Ebene ist er ein Gott, der den Gebieten der geistigen Ebene zugeordnet ist, die unter seiner Herrschaft stehen.

Seine dritte Ebene ist die magische, die alle notwendigen Kenntnisse beinhaltet, um die Kräfte, die diese Welt bestimmen, kontrollieren und entsprechend gebrauchen zu können. Es handelt sich um die Kenntnisse, die die physische Welt betreffen und sie am Leben erhalten. Wer zum CHRISTUS-TELESMA-TRÄGER wird, kann alle drei Ebenen gleichzeitig durchdringen. Hat nicht Jesus genau das vorgelebt? In ihm war alles Wissen verdichtet, das ein Mensch zu erwerben vermag. So konnte er zum Gott werden, zum »avatara«, einem göttlichen Menschen, der im Augenblick seiner Erhebung zu Gott (Jordan-Taufe) alle Kräfte zu lenken verstand, die die Welt erhalten. Noch immer gilt seine **Aufforderung zur Nachfolge, niemals wurde sie außer Kraft gesetzt.** Und das heißt im übertragenen Sinn, dass auch wir fähig sind, die Wunder des Einen auszuführen, wie er es tat, ja, dass er uns in lebendiger Nachfolge dazu aufgefordert hat: *»Wisst ihr nicht, dass auch ihr göttlich (Götter) seid, fähig der Wunder noch größere zu vollbringen?«*

Was bedeutet das für uns? Wie verstehen wir die Aufforderung zur Nachfolge? Ist es nicht damit getan, dass wir alle unser Kreuz auf uns genommen haben? Wir haben den Text aufmerksam gehört, es geht darum, auf den inwendigen Christus zu schauen, EMANUEL, den inwendigen Gott. Nur dann sind wir in der Lage, den Kreis der Inkarnationen zu beenden, dann können auch wir in allen drei Ebenen gleichzeitig verankert sein und zum Hermes-Menschen werden.

Indem Jesus uns zur Nachfolge aufgerufen hat, brachte er zum Ausdruck, dass alle ihm nachfolgen können, weil sie auch alle wie er zu handeln in der Lage sind. Alle drei Ebenen zu durchdringen ist dem Menschen gegeben, die Ebene der Geistigkeit, also des Intellekts, die spirituelle Ebene ebenso wie die magische. Dann stehen auch ihm alle Kräfte zur Verfügung, um das Kreuz zu überwinden, das heißt, wie wir später noch sehen werden, die Dualität/Polarität aufzuheben und in die Einheit mit Gott zu gelangen. Das ist wahre Christus-Nachfolge.

ÜBUNG

WAS BEDEUTET FÜR MICH
ANWESENHEIT – ANZIEHUNG?

Man kann, um Meister Aivanhov zu zitieren, TELESMA auch mit »Anwesenheit« gleichsetzen: »Es muss einer lange darüber meditieren, um in der Tiefe zu erfassen, was sich hinter diesem Wort verbirgt.« Stellt man einen Magneten auf, sogleich zeigt er entsprechende Effekte, er zieht an.

Wir meditieren hierüber und versuchen uns dabei vorzustellen, dass wir solch ein Magnet sind, der das, was wir mit Gott in Verbindung bringen, anzieht und alles, was dem entgegensteht, abstößt. Wir praktizieren diese Übung, um immer tiefer in das Geheimnis des EINS-SEINS-MIT-ALLEM eindringen zu können, es »am eigenen Leibe« zu erfahren.

Es mag schon vorkommen, dass wir uns weigern, mit Gott in Verbindung zu treten und diese Übung nicht zu machen wünschen. Psychologisch würde man in diesem Fall von »Projektion« oder »Übertragung« sprechen. Anziehung und Abstoßung via Gott zu definieren geht mit Sicherheit an den »Lebensnerv« so manches Menschen.

Auf der zwischenmenschlichen Ebene ist dieser Vorgang des Anziehens und Abstoßens leichter nachzuvollziehen. Hier aber, in dieser Übung, muss sich jeder mehr oder weniger eingestehen, dass Gott immer als Projektionsfläche für das dient, was wir lieben oder ablehnen, also anziehen oder abstoßen. So dient diese Übung hervorragend dazu, den eigenen Standpunkt in Bezug auf Gott zu überprüfen.

Wir meditieren hierüber und versuchen, uns dabei nochmals vorzustellen, dass wir solch ein Magnet sind, der das, was wir mit Gott oder der Vollkommenheit in Verbindung bringen, anzieht und alles, was dem entgegensteht, abstößt.

Dieser Magnet ist auch ein Synonym für unser Astralfeld, jene Sphäre, die uns unmittelbar umgibt und die wir durch unser Denken und Handeln erzeugen und beleben. Was sich dort vorbereitet, wirkt wie ein Magnet und zieht alles aus der astralen Ebene, ob rein oder unrein, zu uns heran.

ÜBER DIE VERGEBUNG

Zunächst mag es uns fast bestürzend anmuten, Tätern zu vergeben, die noch vor kurzem ihrer verbrecherischen Neigung folgten, oder jenen das Licht der Vergebung zu senden, die sich, vielleicht gerade soeben, für neue Taten rüsten. Und du fragst dich, wie es dir möglich sein kann, ihnen all dies zu verzeihen.

Vergeben und Verzeihen sind kein identisches Zwillingspaar. VERZEIHEN meint zumeist eine Handlung, die mehr auf der Oberfläche menschlichen Verhaltens zu finden ist. Jeder kennt das, hat es selbst oft genug praktiziert oder als Geste erfahren. Verzeihen ist etwas Generöses, eine liebenswerte, ehrenhafte Eigenschaft, die die Menschen einander näher zu bringen imstande ist, sie zu versöhnen weiß und aus Feinden vielleicht sogar Freunde macht. Das alles ist sehr an den Bereich des Menschlichen gebunden und sollte daher im Leben eines jeden Menschen wie selbstverständlich zu finden sein.

VERGEBUNG indes ist eine tiefe menschliche Tat, die schier Unglaubliches nach sich zu ziehen vermag. Vergebung meint etwas unendlich viel Tieferes. Ich sagte an anderer Stelle, »*dass nur der Mensch dem Menschen vergeben kann, da Gott nichts mit der Sünde des Menschen zu schaffen, ihm folglich diese auch nicht*

zu vergeben hat«. Nicht von sich aus, müsste man vielleicht er-
gänzend hinzufügen, es sei denn, der Mensch bittet IHN vermöge
seiner eigenen Schwäche darum.

Lasst uns ein Beispiel betrachten, das richtungsweisend für das
soeben Gesagte sein kann. Es heißt Golgatha und führt uns tief
hinein in das Leben von Jesus, dem Menschen, in die Stunde seiner höchsten Not, seiner Verzweiflung und Todesangst.
Er ist nicht der Gott, der die Sünden der Menschen auf sich ge-
laden hatte. Ein Gott braucht solch eine Tat nicht zu vollbringen,
weil er, wie wir schon feststellten, mit diesen Sünden nichts zu
schaffen hat. Aber wir können ihn, den »Sohn Gottes«, als einen
Spiegel betrachten, der die Sünden der Menschen auf sie zurück-
warf und immer noch wirft. Er dient als Beispiel für die kranke
menschliche Gesellschaftsordnung seit jeher. Die Gerechten werden für schuldig befunden und mit dem irdischen Tod bestraft,
während die wahren Verbrecher mit jener Freiheit beschenkt werden, die die Welt zu bieten hat. Abertausendmal vor und nach
ihm wurden Schuldsprüche auf diese Weise gefällt und »im
Namen des Volkes und der Gerechtigkeit« Menschen angeklagt,
weil sie sich nicht zu den im Augenblick herrschenden Gesetzen
bekannten, sondern der zeitlosen Wahrheit verpflichtet waren.
Kein totalitäres Regime kann diese Wahrheit gebrauchen, da sie
von ihr ad absurdum geführt wird.
So geschah es auch mit Jesus, und er wurde das prominenteste
Opfer politischer Willkür und religiösen Fanatismus'. Und wie so
viele vor und nach ihm, die der Sache jener zeitlosen Gerechtigkeit
und Wahrheit dienten und nicht einem dekadenten Zeitgeist,
durchschaute er mit klarem Blick alle Abgründe menschlicher
Dummheit, Bosheit und eben jenes blindwütigen Fanatismus', der
ausgrenzt bis zum bitteren Ende. Kreuz, Scheiterhaufen, Guillo-
tine, elektrischer Stuhl, Todesspritze, Folter, nur die Methoden
haben sich gewandelt, nicht aber die Menschen, die »Recht«

sprechen »im Namen des Volkes«. Es sind immer die Gleichen, zumeist sogar im Sinne des Wortes. Nein, Gott erbarmt sich ihrer nicht, der Mensch muss ihnen Einhalt gebieten, muss sie aus der Kette der unseligen Verstrickungen zwingen und ihnen den Weg weisen aus Verblendung und Schuld.

Wir wenden uns nun Jesus in seiner Todesnot zu. Er verbrachte, jeder kennt die Bibelstelle, die Nacht betend mit seinen Jüngern, die aber nicht mit ihm wachten, sondern selbst im Angesicht des drohenden Unheils zu schlafen vermochten. Darin verbirgt sich auch ein tiefes Bild, das Jesus eine ganz erhabene Sonderstellung zuweist und das den »Alltagsmenschen«, der die einzelnen Jünger gleich uns zu dieser Stunde noch waren, als Schlafenden ausweist. Unter ihnen kann Jesus als »*der einzig Wache unter den Schläfern*«, als ein in Gott Erwachter neben noch Schlafenden, also Un-Erwachten, bezeichnet werden.

Jesus, der Mensch, betet und spricht zu seinem Vater: »*Wenn es Dein Wille ist, dann lasse diesen Kelch an mir vorübergehen.*« Nein, er ist nicht bereit, sein Leben hinzugeben, aber er steht zu seiner Lehre. Niemals würde er seinen Standpunkt verraten, die Wahrheit widerrufen, um sein Leben zu retten. Er weiß, dass dies nach menschlichem Ermessen den Tod am Kreuz bedeutet, den bittersten aller Kelche, den ein Mensch zu trinken vermag. Nur Gott könnte diesen Kelch an ihm vorübergehen lassen, aber dieser Gott schweigt im Augenblick solcher Not. **Warum schwieg Gott?** Heerscharen von Gelehrten haben sich seit zwei Jahrtausenden mit dieser Frage befasst.

Der Mensch, der nach Wahrheit ringt, muss diese Wahrheit im innersten Kern erkennen, erst dann wird sie zu seiner Wahrheit, dem einzigen Weg, den dieser Mensch zu gehen hat. Spräche Gott im entscheidenden Augenblick vernehmlich, würde er den nach Wahrheit Ringenden um die letzte Gewissheit berauben, die er, am Ende aller Lebensreisen angelangt, nun in dieser allerletzten Konsequenz zu erfahren hat. **Dieses Schweigen ist die Antwort**, die einzige und erhabenste Antwort des Vaters an den Sohn. Und er wird diesen Kelch bis zur »bitteren Neige« trinken, um sein wirkliches Leben zu retten, um das ewige Leben zu erreichen.

Und nun, da der Kelch vom Gekreuzigten fast getrunken ist, ist immer noch eine Kluft zwischen dem Sohn und seinem Vater. Jetzt geht es um die allerletzte Tat des Sohnes, um die **Vergebung**. Noch ist er Mensch. Es schimmert wieder die Kraft des wunderbaren Gebetes durch, das er seinen Jüngern einst gab: »*Und vergib uns unsere Schuld, wie auch wir vergeben unseren Schuldigern.*« So können wir annehmen, dass er, ehe er bat »*Vater, vergib ihnen, denn sie wissen nicht, was sie tun*«, den Vater selbst um Vergebung seiner allerletzten Schwäche bat: »*Vergib mir meine Schuld, meine allerletzten Zweifel, und vergib denen, die nicht wissen, was sie tun.*« Nun wurde er der Ebene des Menschseins enthoben und von allen Banden befreit, die ihn an die menschliche Natur fesselten, so dass er sagen konnte: »*Es ist vollbracht!*«

Jeder Mensch kann darum bitten, dass ihm die Schuld vergeben wird, sobald er erkennt, worin sie besteht. »*Bittet, und es wird euch gegeben!*« Woher hätte Jesus die Autorität für diesen Satz genommen, wenn er nicht die Erfahrung seiner Wirksamkeit besessen hätte? Jeder Mensch kann in den Besitz des Schlüssels gelangen, mit dem er die Tür zum Vater aufzusperren vermag. Dieser Schlüssel heißt **Erkenntnis**.

Wenn einer daherkommt und sagt »Vergebung, Vergebung, ich bereue« und sofort wieder sein altes Leben lebt, wird er nichts gewinnen, da sein Eingestehen von Schuld nur Lippenbekenntnis war, um vielleicht einer drohenden Strafe zu entgehen. Das Sakrament der Beichte fällt genau in jenen Bereich. Es wird von vielen, die es praktizieren, so gründlich missverstanden, dass es zu einer Lächerlichkeit ohne Sinn und Verstand herabgewürdigt wurde. Um die Vergebung des Vaters zu erreichen, brauche ich keinen Mittelsmann, der vielleicht nur an meinem Sündenregister interessiert ist. Niemand braucht sich zwischen mich und Gott zu drängen und mir Vorschriften zu erteilen und Bußen aufzuerlegen, wenn ich Gott um »Vergebung meiner Schuld« bitte.

Dieser Vergebung gewiss, kann ich nun meinerseits denen vergeben, die an mir schuldig wurden. So hat es Jesus gelehrt, so ist das göttliche Gesetz und so musste er selbst diese letzte Erfahrung, die zugleich auch die Essenz seiner Lehre bildete, am tiefsten Punkt seines Lebens machen, ehe sein Geist mit dem Herzen des Vaters verschmolz.

Deshalb ist die Frage gar nicht mehr interessant, ob Jesus am Kreuz starb oder nicht. Viel wichtiger ist das, was er die Nachgeborenen durch seine eigene Erfahrung lehrte: *»Bittet erst, dann wird euch aufgetan.«* Und wenn die Reue vollständig ist, also das Erkennen der Schuld, dann wird die Antwort des Vaters die Vergebung sein.

So lernt ihr zu verstehen, dass ihr nach der »Reue«, also nach der Reinigung eurer »niederen Körper« (davon wird später die Rede sein), da ihr im Lichte Gottes auf den niederen Menschen in euch geschaut und die »Flecken der Sünde«, was meint, eure Absonderung von Gott, mit dem Christuslicht gereinigt habt, nun jenen die Gnade der Vergebung schenken könnt, die ihrer am dringendsten bedürfen.

Und da die Schwere so mancher Tat nach menschlichem Ermessen »unverzeihlich« ist, ist euer menschliches Unvermögen zugleich die Bitte an den Vater *»Vergib Du ihnen, denn sie wissen nicht, was sie tun!«* Freilich, sie wissen es, denkst du nun, da sie, wie jeder Mensch, ein Gewissen besitzen, das auch noch den verworfensten Menschen Gut und Böse zu unterscheiden lehrt. Die Aussage *»denn sie wissen nicht, was sie tun«* geht viel tiefer. Sie geißelt die Unwissenheit des Menschen an sich, der sich durch solche Taten immer weiter verstrickt, was ihn dazu zwingt, in einer endlos scheinenden Kette von Leben so lange zu leiden, bis sich ein Mensch seiner erbarmt und für ihn beim Vater um Vergebung bittet.

So kann unsere Bitte um Vergebung der tiefste Dienst am Menschen sein, der überhaupt zu vollbringen ist. Sie dient der Reinigung der gesamten menschlichen Sphäre, die umgeben ist von dunklen Anhäufungen der Macht und den Ausdünstungen niederen menschlichen Handelns. Erst wenn die Macht der Gebete, die die Menschheit täglich spricht, stärker geworden ist als diese dunklen Mächte, vermag sich das Leben auf der Erde grundlegend zu wandeln.

Habt dieses Ziel vor Augen, und lasst nicht nach in eurem Bemühen, einfach nur Licht zu sein in dieser Welt und den Vater zu bitten »Vergib Du ihnen, denn sie wissen nicht, was sie tun«.

ÜBUNG

WIR MEDITIEREN ÜBER DEN BEGRIFF »RECHTE ANWENDUNG« UND WAS DIES FÜR MICH PERSÖNLICH BEDEUTET

Zuvor ist der Begriff »Sünde« zu erläutern, der für die meisten Menschen mit Sicherheit belastet ist. »Sünde« leitet sich ab von »Absonderung« und meint natürlich nicht das, was die Kirchen seit jeher unter diesem Begriff lehren. Gemeint ist eine Ab-Sonderung von dem, was der Mensch selbst als »gut« oder »richtig« erkannt hat, aber vermögens seiner eigenen Schwäche (noch) nicht zu leben fähig oder bereit ist.

Die Kirche setzte den Begriff »Sünde« in seiner drastischsten Form gleich mit der Absonderung von ihr selbst als der »Gemeinschaft der Heiligen« und der »wahren, einzigen Lehre« und belegte dies mit dem Begriff »Ketzer«, was über viele Jahrhunderte hinweg mit dem Tod auf dem Scheiterhaufen »gesühnt« werden musste. Solche Sühne meinte also die Auflösung von Sünde durch Feuer.

Das wahre Feuer der Läuterung aber ist das Feuer des Geistes, der das Trennende, also das, was in die Absonderung führte, zu erkennen vermag und durch die Glut der Geistesstärke nun durch Veränderung zur Auflösung bringt, es »verbrennt« in der rechten Erkenntnis.

Dabei ist jeder Mensch nur dem eigenen Gewissen verpflichtet und nicht irgendeiner Institution, die ihm seine Gewissensentscheidung abnimmt oder ihm eine Entscheidung gar unter Androhung schrecklichster Strafen, wie ewige Verdammnis im Höllenfeuer, aufdrängt.

Hier nun finden wir den wahren »Guru«, der dem Schüler immer die Freiheit seines eigenen Gewissens überantwortet und lediglich sein Unterscheidungsvermögen schult, das es ihm ermöglicht, seinen

Weg und seine religiöse, spirituelle und weltanschauliche Basis selbst zu wählen; jedoch auf der Grundlage dessen, was als zeitlose Wahrheit erkannt wird und als zeitloses Wissen alle religiösen Modetorheiten und vom Zeitgeist verseuchten spirituellen Spielarten überdauert.

Wir entsinnen uns nochmals jenes Satzes aus der Tabula Smaragdina: »Aus diesem werden entstehen und hervorgehen wunderbare Anwendungen, zu denen die Mittel hier gegeben sind.« Wir überdenken das bisher Gehörte und versuchen, die Kluft in unserem Inneren aufzuspüren, die uns immer noch von Gott trennt und uns in die »Sünde«, also die Absonderung von Gott führt, was sich in mancherlei Beschwerden körperlicher oder geistiger Natur ausdrückt. Was sind das für Beschwerden? Wie hängen sie tatsächlich mit unserem von Gott getrennten Denken zusammen?
Welches Gottesbild trage ich in meinem Herzen? Habe ich mich schon von jenem (wahrscheinlich persönlichem) Bild gelöst, das mir durch meine Erziehung vermittelt wurde? Wie kann ich dieses Bild mit der Vorstellung, dass Gott unpersönliches Licht ist, verbinden?

Wir legen jetzt die Hände auf unser Herzzentrum (Herz-Chakra), auf den Ruhepunkt unseres Gottesfunkens. All unser Denken lassen wir nun los und gehen einzig in die Wahrnehmung hinein, die wir nun über unsere Hände erfahren.

Nun imaginieren wir ein goldenes Licht, das durch unseren Scheitel strömt, sich mit der Flamme in unserem Herzen verbindet und durch unsere Hände, die wir mit der Handfläche nach oben auf unsere Oberschenkel legen, austritt und den ganzen Raum erfüllt, in jedes »feste Ding« eindringt, jedes »flüssige Ding« durchdringt, also überall »alles durchdringend« anwesend ist.
Nun dehnen wir unser Bewusstsein so aus, dass auch wir uns mit allem, was uns hier umgibt, eins fühlen, das Wesen aller Dinge

selbst durchdringen und deren innerste Existenz als unsere eigene erfahren.

Jetzt beginnen wir ein wenig zu verstehen, was Hermes meint, wenn er sagt »Aus diesem werden entstehen und hervorgehen wunderbare Anwendungen, zu denen die Mittel hier gegeben sind«.

Langsam kehren wir wieder in unsere Körperhülle zurück und erfahren, dass die Trennung tatsächlich nur in unserem Kopf existiert(e) und dass wir durch die rechte Anwendung jener Kraft das Mittel zur Überwindung aller Hindernisse verfügbar haben.

Die in diesem Buch vermittelten Ansätze sind eines dieser »Mittel«, die dem Leser helfen können, Beschwerden zu erkennen und zu überwinden.

Hermes sagt von dieser Kraft weiter: »Die Sonne ist ihr Vater, der Mond ihre Mutter, der Wind hat sie in seinem Schoß getragen, die Erde ist ihre Nährmutter.«

Der Eingeweihte weiß, wo sich in ihm selbst Sonne und Mond befinden, er weiß, wie der Wind diese Kraft auf seinem Weg mitnehmen kann und welche Erde das ist, die nähren soll.

WO IN MIR BEFINDEN SICH
SONNE UND MOND?

Wie kann der Wind diese Kraft auf seinem Weg mitnehmen? Welche Erde ist das, die mich nährt? Wie kann ich durch diese Erkenntnis die Kraft TELESMA in mir finden, die alle Kräfte in sich enthält, die die Finsternis vertreibt (also meine Schwächen, Schwierigkeiten und Krankheiten) und die mir alle Herrlichkeit der Welt verschafft?

Es geht darum, uns eine Basis zu schaffen für die Annahme des TELESMA-LICHTES. Hierzu ist es unabdingbar, dass ich mich erst einmal selbst begreife und dabei immer die Aussicht vor Augen habe, dass ich bei rechter Anwendung Hilfe für meine Probleme finde, dass diese Kraft also auflösend im besten Sinne wirkt, sie vertreibt die inwendige Finsternis!
Schon der Gedanke an Krankheit (und natürlich auch die Krankheit selbst) ist nichts als Ursache und (Rück-) Wirkung. Lösche die Ursache aus, was in der Lesart jeder Einweihungslehre lauten muss:

ÜBE VERGEBUNG!

So wird die Wirkung dann mehr oder weniger schnell verschwinden, je nach Grad des Entwicklungsstandes. Dies ist das Wirkprinzip von TELESMA und jeder anderen geistigen Heilweise. Man kann auch sagen: Lösche die falsche Auffassung in deinem Kopf aus, und die Krankheit verschwindet.

Der Auflösungsprozess ist, wie das Wort »Prozess« schon ausdrückt, nicht über Nacht zu gewinnen, es bedarf der steten Übung, bis sich Resultate einstellen. Es müssen die falschen Bilder im Bewusstsein ausgelöscht werden, um das vollkommene Bild in sich erschaffen zu können. Beide Bilder haben nicht gleichzeitig Raum im Bewusstsein. Auf diese Weise können die Körperschwingungen derart erhöht werden, dass sie allmählich denen des göttlichen Denkprinzips gleichen – und bei Gott gibt es keine Unvollkommenheit!

Erste Deutung

Sonne und Mond in uns haben natürlich nichts mit einer physischen Anwesenheit in irgendeinem Teil des Körpers zu tun, wenngleich natürlich der Mensch an sich ein polares Wesen ist, das beide Prinzipien in sich trägt, von C. G. Jung Anima und Animus genannt. So tragen Frau und Mann, wie man heute weiß, auch die gegengeschlechtlichen psychischen Anteile und Hormone in sich. Uns geht es hier aber um »geheime« Kräfte und deren Herkunft.

Wo also befinden sich in mir Sonne und Mond? Der Mensch ist geschaffen aus dem Urstoff, aus der Verbindung der Elemente und trägt »solare« und »lunare« Energie in sich. Sonne und Mond entsprechen den gegensätzlichen Prinzipien, also dem männlichen und weiblichen; sie symbolisieren die durch den »Sündenfall« in die Zweiheit gefallenen, was bedeutet, die von sich selbst getrennten Menschen; die Bibel nennt diesen Menschen Adam.

Das männliche, solare Prinzip entspricht dem Gold, das in der Einweihungslehre ausgedrückt werden kann im Brot, und das weibliche, lunare Prinzip dem Silber, ausgedrückt im Wein im Kelch. Beides, Wein und Kelch, sind Symbole für das Weibliche. So ist jede Abendmahlfeier gleichzeitig eine Vereinigung der Gegensätze, wir werden später noch davon hören. Beide Prinzipien, die also der Dualität/Polarität entsprechen, sind an die Erde gebunden, so lange, bis sie erlöst sind – das Korn gemahlen und zum »Brot des Lebens« gebacken und der Rebensaft gekeltert und zum »Abendmahlswein« gegoren –, sich aus der Zweiheit befreit, die Dualität überwunden und in die Einheit mit Gott gefunden haben.

So kann man sagen, dass die nährende Erde das Urelement des gefallenen Menschen darstellt. Aber in dieser Feststellung liegt nicht die Verurteilung des Menschen. Es gibt, außer dem Menschen selbst, nirgendwo im kosmischen Raum eine Kraft, die verurteilt. Die Schöpfung ist der Liebesakt der Gottheit, um dem Menschen den Weg zurück zu ermöglichen. So ist die Erde der wahre Liebesausdruck Gottes, seine wunderbarste Schöpfung für seine »gefallenen Kinder«.

Der Wind ist der göttliche Geist, der »über die Erde weht«. Er ist jene Kraft, die das Licht mit sich führt. Sonne und Mond, Männliches und Weibliches, in rechter Weise dem Leben verbunden, also im Einklang mit den Gesetzen der Erde lebend, werden das Gegensätzliche in sich zur Auflösung bringen durch den Geist. Das ist die eine Seite von TELESMA.

Zweite Deutung

Sie dringt wesentlich tiefer ein in das hermetische Wissen. Wir lesen zur Vertiefung noch einmal den Text der *Tabula Smaragdina*:

UND SO WIRD ALLE FINSTERNIS
VON DIR WEICHEN.
ES IST WAHR, OHNE LÜGE UND WIRKLICH:
WAS OBEN IST, IST WIE DAS, WAS UNTEN IST,
FÄHIG DIE WUNDER DES EINEN AUSZUFÜHREN.

UND WIE DIE DINGE AUS EINEM GEKOMMEN
SIND, NÄMLICH DURCH DAS DENKEN DES
EINEN, SO WERDEN AUCH ALLE DINGE AUS
DIESEM EINEN DURCH ANNEHMEN GEBOREN.
DIE SONNE IST SEIN VATER,
DER MOND SEINE MUTTER.
DER WIND HAT ES IN SEINEM LEIBE GETRAGEN,
DIE ERDE IST SEINE AMME.

DIES IST DER VATER ALLER VOLLKOMMENHEIT
UND WUNDER
IN DIESER UND DER ANDEREN WELT.
SEINE STÄRKE UND MACHT SIND UNBESCHRÄNKT,
WENN SIE IN ERDE VERWANDELT WERDEN.

DU WIRST DIE ERDE VOM FEUER,
DAS ZARTE VOM GROBEN TRENNEN,
SANFT UND SORGFÄLTIG.
ES STEIGT VON DER ERDE ZUM HIMMEL HINAUF
UND STEIGT WIEDER HERAB AUF DIE ERDE,

UM DIE MACHT DER HÖHEREN UND NIEDEREN
WESEN ZU EMPFANGEN.

DU WIRST DURCH DIESES MITTEL ALLEN
RUHM DER WELT BESITZEN,
UND ALLE DUNKELHEIT WIRD VON DIR WEICHEN.

BEI IHM IST DIE KRAFT - TELESMA,
DIE KRAFT HINTER DER KRAFT,
DIE ALLE KRÄFTE BEWEGT.

DENN ES WIRD JEDES FEINE DING ÜBERWINDEN
UND IN JEDES FESTE DING EINDRINGEN.

SO WURDE DIE WELT GESCHAFFEN.
AUS DIESEM WERDEN ENTSTEHEN UND
HERVORGEHEN WUNDERBARE ANWENDUNGEN,
ZU DENEN DIE MITTEL HIER GEGEBEN SIND.

DARUM WERDE ICH HERMES TRISMEGISTOS,
DER DREIMAL MÄCHTIGE, GENANNT,
DENN ICH BIN IM BESITZE DER DREI TEILE
DER PHILOSOPHIE DER WELT.
UND WAS ICH ÜBER DAS WIRKEN DER SONNE
GESAGT HABE, HAT SICH ERFÜLLT.

Was heißt »Du wirst durch dieses Mittel allen Ruhm der Welt besitzen«? Dies ist natürlich kein Aufruf zum Erwerb von Ruhm und Macht, den größten Verlockungen der physischen Welt. Welcher Ruhm ist also gemeint? Es handelt sich um jenen, den man sich im Dienst an der Menschheit erwirbt, wie ihn alle großen Ärzte, Heiler und Heiligen (wie z. B. Mutter Teresa) nicht zur eigenen Verherrlichung, sondern aus Liebe zur leidenden Menschheit erworben haben. Auf diese Weise der Menschheit und über diese mit Gott verbunden, wird alle Krankheit, alles Negative und Unerwünschte von dem Einweihungsschüler weichen, so er den wahren Sinn dieser hermetischen Verheißung versteht. Dann wird es sein, dass alle Welt fühlt und erkennt, dass die »Sonnenkraft« aus ihm strahlt. Was es damit auf sich hat, werden wir sogleich erkunden.

Es besagt aber auch, dass man sich auf diese Weise das »Himmelreich« erwerben kann, denn ohne auf das eigene Ansehen zu schauen, dem Mitmenschen zu dienen bedeutet auch, eigene karmische Schulden zu tilgen, bis hin zur Erreichung des kosmischen Bewusstseins. Das aber können Zugaben sein, die niemals das Motiv für solchen Dienst bilden dürfen. Dienst aus solchen Motiven wird stets abgewiesen, unterstützt den Menschen also nicht in seiner Entwicklung.

In der *Tabula Smaragdina* finden wir die Weisheit aller Zeiten in wenigen Zeilen zusammengefasst. Um in ihren tiefen Gehalt einzusteigen, muss man sich zunächst die Frage stellen, was es mit den mysteriösen Bezeichnungen »Sonne«, »Mond«, »Luft« und »Erde« in Wahrheit auf sich hat. Wie wir gleich sehen werden, verbergen sich darin die Sinnbilder für die vier Elemente, denn der Mensch vermag kosmisches Geschehen nur über physische Entsprechungen zu begreifen. Sie also sind verantwortlich dafür, dass die Kraft TELESMA auch auf der Erde und somit dem Menschen zur Verfügung steht.

»Die Sonne ist ihr Vater« – Was sagt uns dies? Die Sonne, immer ein Symbol für Gott, also erzeugt diese Kraft; so kann man sie in Wirklichkeit als »Kind Gottes«, als den »Sohn« bezeichnen, den CHRISTUS oder die KRAFT DES KOSMISCHEN CHRISTUS.

»Der Mond ist ihre Mutter« – Hier nun geht es darum, die niederen Aspekte, für die der physische Mond steht, zu überwinden, das sind all die trügerischen Eigenschaften, die Verworrenheit, der Wahnsinn, der die Erde so sehr beherrscht. Sie befindet sich in großem Ausmaß im Wirkungsbereich dieses niederen lunaren Aspektes. Die hohen Aspekte des Mondes sind die der Reinheit, der Unschuld, des göttlichen Lebens. Und diese Sphäre ist die »Mutter« der TELESMA-KRAFT.

Der **Vater** (**Sonne**) also erzeugt diese Kraft, und der **Wind** als Symbol des (Heiligen) **Geistes** trägt sie in den Leib der **Mutter** (**Mond**), die diesem **Geist-Kind** das Leben gibt. Dies erinnert uns unmittelbar an das Geschehen der Verkündigung. Das **Kind** aber muss zunächst genährt werden, so wird die **Erde** seine **Amme**. Somit kann es sich derart feinstrahlig entwickeln, dass es »jedes feine Ding überwindet und in jedes feste Ding eindringt«.

Aber auch dies muss wirklich verstanden werden. Damit diese Kraft nun auch auf der Erde – wie oben so unten – wirken kann, muss sie verändert, nämlich *ge-festigt* und *ver-stofflicht* werden. Hermes sagt, dass ihre Kraft erst vollständig ist, wenn sie in Erde umgewandelt ist. Im Urzustand nämlich ist sie loderndes Feuer. Also muss das Feuer sich in Erde verwandeln, denn das Feuer, der Geist ist flüchtig, die Erde ist fest.

Seit jeher bedienen sich die Alchemisten dieser beiden Begriffe. So muss diese feinstrahlige, hauchdünne Feuerkraft kristallisiert, verdichtet und *ver-stofflicht* werden. Und dieser Umwandlungsprozess ist eine äonenlange Arbeit. In Jahrhunderten zähen Ringens gelingt es dem Menschen, die TELESMA-KRAFT aus der Sonne, also seiner eigenen Erkenntnis des Göttlichen, zu gewinnen und in den eigenen Körperzellen so zu verdichten, bis sie stofflich greifbar wird. Dann kann von diesem Menschen also gesagt werden, dass die Sonnenkraft des Vaters, des Sohnes und des

Heiligen Geistes aus ihm strahlt. Dieser »Heilige Geist« aber ist Gottes weibliche Seite, SHEKINA, die Mutter.

Die Kabbala lehrt, Liebe kann nur mit Hilfe der Kraft verwirklicht werden. Wo die Liebe wirkt, stehen aber auch die Gegenkräfte schon am Tor. Deshalb besteht die Weisheit Gottes darin, dass er mit der Tat zur Schöpfung auch die Gegenkräfte bedachte. Darum ging BINAH, die Mutter, in Gestalt der SHEKINA mit den Kindern der Schöpfung, um sie vor allem zu behüten und vor drohenden Gefahren zu bewahren.

Wie wir gesehen haben bringen uns diese hermetischen Begriffe auch in Verbindung zur Alchemie, in der die Metalle **Gold** und **Silber** als Ausdruck der oben beschriebenen Prinzipien eine große Rolle spielen.

Um diese Überlegungen abzuschließen, hier ein kleiner Einblick in alchemistisches Denken. Die wahren Alchemisten, also nicht jene Goldmacher, die nur hinter diesem einen Geheimnis herjagen, wie man niedere Metalle in Gold verwandeln könnte, um mit ihm alle Reichtümer der Welt zu erwerben, die wahren Alchemisten also, wussten und wissen um das Geheimnis der kosmischen Synarchie, jener Wiederherstellung der Urordnung und des Urzustandes des alten Adam (ADAM KADMON). Sie kennen die **sieben Metalle**, aus denen Gold gewonnen werden kann. Der Urzustand des ADAM schließt natürlich EVA mit ein – er steht für das Menschengeschlecht und nicht für das Geschlecht des Menschen.

Diese sieben niederen Metalle sind, auf den Menschen übertragen:

1. Ich zuerst

2. Trägheit des Herzens

3. Selbstüberschätzung oder die Unfähigkeit, sich selbst zu erkennen

4. Kritik- und Streitsucht, um sich selbst zu erhöhen

5. Gott für die eigenen Schwächen verantwortlich zu machen

6. Gefallsucht

7. Eifersucht und Neid, das unselige Zwillingspaar

So geht es in der wahren Alchemie um die Erlösung des niederen Menschen, um die Verwandlung seiner niederen Natur in die göttliche Natur, für die das Gold seit jeher das Sinnbild darstellt. In diesen alchemistischen Geheimnissen liegt aber auch viel Zündstoff. Stets war das Gold im Bewusstsein des Menschen höher angesiedelt als das Silber, was im Folgenden dazu führte, dass das Patriarchat, also die Herrschaft des männlichen Goldes über das weibliche Silber begann.

Gold ist aber nicht ohne Silber zu gewinnen, und es müssen noch sechs weitere Metalle zugemischt werden, bis das gewünschte Ergebnis erreicht wird. Der wahre Alchemist weiß um die Gleichbedeutung aller Zutaten, das Quecksilber aber ist das wichtigste alchemistische Element, ohne das nichts gedeiht.

VERSUCH EINER ERSTEN ANNÄHERUNG AN DAS UNBEGREIFLICHE, DAS WIR »GOTT« NENNEN

Wir wollen noch ein wenig tiefer eindringen in das, was der Satz aus dem TELESMA-Gebet – TELESMA ist »die Kraft hinter der Kraft, die alle Kräfte bewegt« – aussagt. Wir versuchen uns dies jetzt vorzustellen:

DIE KRAFT HINTER DER KRAFT,
HINTER JENER KRAFT,
DIE ALLE KRÄFTE BEWEGT

Wer oder was verbirgt sich hinter dieser Kraft? Es handelt sich um jene Kraft, die der uns sichtbaren und verfügbaren Kraft die Möglichkeit zur Entfaltung verleiht. Um welche Urkraft handelt es sich aber? Und woher bezieht sie ihre Autorität, also ihre Kraft? Es handelt sich hierbei um das, was die Rosenkreuzer nach Aristoteles den »unbewegten Beweger« nennen. Dies versuchen wir uns nun vorzustellen – DER UNBEWEGTE BEWEGER. Wie oder mit welchem Symbol könnte er oder das ihn zum Ausdruck bringende Bild wiedergegeben werden? Bewusstsein wird erst durch Bewusstheit erfahrbar. Daher kann Gott nur als Bild oder Form oder als Widerspiegelung jener Qualitäten, die man als göttlich bezeichnet, erfasst werden.

> ABER ER IST UND BLEIBT SELBST
> NUR DAS PRINZIP!
> DAS KOSMISCHE, GÖTTLICHE PRINZIP
> IST DIE UR-FORM JEGLICHER ENERGIE,
> WAS MEINT, DIE KRAFT HINTER DER KRAFT.

Der Gottesbegriff fußt auf der menschlichen Vorstellung, es handle sich um eine übernatürliche Person, indes das Gesetz aber vom reinen Prinzip, der kosmischen Intelligenz, ausgeht, die das reine geistige Licht nur widerspiegelt.

> DIESEM URLICHT LIEGT UNSER
> GESAMTES DASEIN UND DESSEN
> BEDINGUNGEN ZUGRUNDE.

Gott kann also nur als Bild oder Form oder als Widerspiegelung jener Qualitäten, die man als »göttlich« bezeichnet, erfasst werden. Aber er ist und bleibt selbst nur das Prinzip. Er ist also derjenige, **der das Rad in Bewegung setzt**, das heißt, derjenige, **der in der Mitte aller Dinge ihre Bewegungen bewirkt, ohne selbst an ihnen teilzuhaben – der unbewegte Beweger.**
Die Mitte, um die es sich hier handelt, ist der **feste Punkt**, der in allen Überlieferungen als jener **Pol** bezeichnet wird, **um den**

sich die **Kreisbewegung der Welt vollzieht.** Die Buddhisten verwenden das Symbol des Rades als Sinnzeichen ihrer Philosophie. Bei den Kelten und Hindus wird dieser feste Punkt in enger Verwandtschaft als fliehendes Rad in Form des »Swastika« dargestellt, und diese Kreisbewegung, die er sinnbildlich darstellt, ist die **Bewegung um den Mittelpunkt einer unbeweglichen Achse.** Der feste Punkt in der Mitte ist aber das wesentliche Element, das dieses Symbol in Wirklichkeit meint (nicht von ungefähr haben die Nationalsozialisten gerade jenes bedeutende Symbol für ihre Zwecke missbraucht und es so auf lange Zeit in Misskredit gebracht).

Alle alten Traditionen stellen bildnerisch das **Zentrum der Welt** dar. Bei den Griechen hieß es »Omphalos«, das bedeutet Nabel. Es bezeichnet aber auch jede Art von Mittelpunkt, wie ihn z. B. die Radnabe darstellt. Alle Abweichungen in den verschiedenen Sprachen, die dieses Wort zum Ausdruck bringen (Sanskrit: »nabhi«; germanisch: »nab« oder »nav«; keltisch-gälisch: »nav« oder »naf«), beziehen sich selbst auf den Ursprung. Im Gälischen hat es auch noch die Bedeutung »Herr« und wird in diesem Sinn auch auf Gott angewendet und drückt somit die **Idee des Zentralprinzips** aus.

Die Bedeutung von »Nabe« oder »Nabel« ist deshalb so wichtig, weil das Rad, siehe oben, überall ein Symbol der Welt ist, das sich um einen festen Punkt dreht. Der Swastika ist, wie wir hörten, eines der hierfür gebrauchten Symbole, der aber nicht die Umdrehung, das heißt die Manifestation darstellt, sondern das ruhende Zentrum selbst zum Ausdruck bringt.

Da Gott, wie wir hörten, nur als Bild oder Form erfasst werden kann, entstanden nach und nach, weil der Mensch die verschiedenen Aspekte dieses Prinzips allmählich zu isolieren begann, die vielen verschiedenen Gottheiten. Der Mensch verehrte nur noch die ihrer Natur innewohnenden Kräfte, bis schließlich deren »Qualität« hinter den sich bildenden, mehr oder weniger ausgeprägten

Formen und Personifizierungen verschwand, die man immer mehr mit menschlichen Eigenschaften versah. Die griechischen oder nordischen Götter illustrieren diese Vorstellungen in anschaulicher Weise. Es spielt seither eine besondere Rolle, welchem Aspekt des Göttlichen sich der Mensch im Gebet zuwendet. In der »Aufgesplittertheit« des Körpers Gottes ist nun auch dessen unauslotbare Größe zu erahnen.

Da jede angenommene Form zugleich auch bestimmte Eigenschaften verkörpert beziehungsweise repräsentiert, die man ihr im Laufe der Zeit zuschrieb, wird ein Gebet auch von jener Kraft »erhört«, die dem entsprechenden göttlichen »Gliedmaß« an seinem »Körper« entspricht oder zugeordnet ist. Da immer das »Niedere« vom »Höheren« geleitet und »regiert« wird, sollte sich ein Gebet immer an die »nächsthöhere Instanz« wenden, um »erhört« zu werden, damit es von dort mit dem allerhöchsten Prinzip in Verbindung zu treten vermag. Buddha lehrt:

»DAS HÖCHSTE WAHRE IST OHNE BILD.
GÄBE ES ABER GAR KEIN BILD,
SO GÄBE ES KEINE MÖGLICHKEIT,
WODURCH ES SICH ALS DAS WAHRE
MANIFESTIEREN KÖNNTE.

DAS HÖCHSTE PRINZIP IST OHNE WORTE.
GÄBE ES ABER ÜBERHAUPT KEINE WORTE,
WODURCH KÖNNTE ES SICH DANN
ALS PRINZIP OFFENBAREN?«

Wenn wir alles dies erfasst und auch begriffen haben, ist der Schritt zur nächsten Erkenntnis der Wesensnatur Gottes nur noch ein kleiner.

ZWEITE ANNÄHERUNG AN GOTT

Der Mensch verlangt nach Wahrheit, nach Wahrheit über die Welt, über das Universum und über den Kosmos. Die Wissenschaft beschäftigt sich vordergründig mit den Tiefen des Weltraums und mit dem Phänomen der Zeit und deren Struktur, ist aber überall dort an (ihre) Grenzen gestoßen. Damit schien bewiesen, dass es für Gott nirgendwo Platz und Raum gibt. Das mechanistische Universum kommt sehr gut ohne jenen »alten Mann im Himmel« aus. Aber keine einzige Religion deutete je an, Gott sei ein »alter Mann im Himmel«, der sich dort oder anderswo um den Lauf der Dinge kümmert.

GOTT KANN NUR IM MENSCHLICHEN
BEWUSSTSEIN GEFUNDEN WERDEN!

Da die Wissenschaft sich noch kaum daran gemacht hat, sich mit der Erforschung des Denkens zu beschäftigen, und die Ergebnisse der Psychologie hier auch noch vergleichsweise bescheiden zu nennen sind [Saint Germain bezieht sich hier auf die Neunzigerjahre – d. Hrsg.], steht man im Prinzip immer noch dort, wo man vor etwa hundert Jahren begonnen hat, über die Eigenschaften des Atoms nachzudenken.

Hier Wissenschaft, dort Spiritualität. In jeder Religion ist Bewusstsein primär. Der religiöse Mensch fragt: »Wie schafft Gott Materie?« Die Wissenschaft hingegen stellt die Frage andersherum: »Wie erschafft Materie Bewusstsein?«

So stellt das gegenwärtige Denkmodell der Wissenschaft nach der Frage des Bewusstseins ein unbewältigtes Problem dar, denn es gibt in ihm nichts, was von einem »Bewusstsein lebendiger Systeme« kündet und vermag daher auch nicht zu erklären, wie Bewusstsein im Weltall entsteht beziehungsweise vorhanden ist, ja, schon immer vorhanden war.

Dabei müssen auch die Wissenschaftler zugeben, dass die Existenz des Bewusstseins unleugbar ist, ja, dass es zu den wenigen Dingen gehört, die niemand im eigenen Leben verleugnen kann, denn jeder Mensch ist ein *er-lebendes* Wesen. Und dies erfordert nicht einmal ein besonders hohes Bewusstsein. Alleine schon die Tatsache, dass jeder Mensch fähig ist zu denken und zu erleben, spricht für das Vorhandensein von Bewusstsein.

Also, Bewusstsein existiert. Diese doch so scheinbare Anormalität führte zu dem, was zeitgenössische Philosophen eine schwierige Frage nennen: Wie entsteht aus etwas so Unbewusstem wie Materie etwas so Immaterielles wie Bewusstsein? Der Schritt zur Erkenntnis wäre nur ein ganz kleiner. Man müsste nur die Tatsache annehmen, dass die Wirklichkeit der Materie, die wir beobachten, die fundamentale Wirklichkeit ist, aus der alles hervorgeht. Nicht Raum, Zeit, Materie und Energie stellen die fundamentale Wirklichkeit dar, sondern Bewusstsein ist die fundamentale Realität, aus der heraus Raum, Zeit, Materie und Energie in Erscheinung treten! In allen spirituellen Traditionen kann man dieser Ansicht begegnen. Der »Vedanta« (eine uralte hinduistisch-philosophische Lehre) lehrt, dass Bewusstsein der Urgrund des Universums ist. Die Wissenschaft vermag heute nicht mehr zu leugnen, dass es auf subatomarer Ebene keine Festigkeit gibt und es nur eine Illusion ist, was als feste Materie in Erscheinung tritt. Der Sanskritbegriff der »Maya« definiert dies schon seit vielen tausend Jahren. »Maya« heißt exakt übersetzt: »Die Dinge sind nicht, wie sie scheinen.«

SOMIT ENTSPRICHT DIE ART UND WEISE,
WIE WIR DIE DINGE BETRACHTEN,
NICHT DER WIRKLICHKEIT!

Wenn man nun noch tiefer geht, begegnet man in den östlichen Traditionen der Vorstellung, dass das, was wir als Bewusstsein bezeichnen, gleichzeitig das ist, was wir auch »Gott« nennen. Im christlich geprägten Abendland ging diese Anschauungsweise leider verloren. Im Mittelalter wurden Menschen verbrannt, die behaupteten, göttlich zu sein, ungeachtet der uns in diesem Kontext schon begegneten Aussage von Jesus *»Wisset, dass auch ihr göttlich (Götter) seid und fähig, der Wunder noch größere zu vollbringen«.* Sich bewusst zu werden, dass »ICH«, der Inbegriff des Bewusstseins, mit Gott gleichgesetzt werden kann, ist ein Thema, dem man in fast allen spirituellen Traditionen begegnet, insbesondere in ihren mystischen Aspekten.

Wir haben festgestellt: *Der Gottesbegriff fußt auf der menschlichen Vorstellung, es handle sich um eine übernatürliche Person, indes das Gesetz aber vom reinen Prinzip, der kosmischen Intelligenz, ausgeht, die das reine, geistige Licht nur widerspiegelt. Diesem Urlicht liegt unser gesamtes Dasein und dessen Bedingungen zugrunde.* Wenn wir dies annehmen, so bewegen wir uns bereits in jenem Bereich, der von der Vorstellung ausgeht, dass Gott Licht ist, was auch in vielen spirituellen Traditionen hervorgehoben wird. Und hier können Wissenschaft und Spiritualität am ehesten einander befruchtend begegnen. Auch in der Physik geht es letzten Endes um Licht. Auf subatomarem Gebiet bestehen Reaktionen aus dem Austausch von Photonen, also aus dem Austausch von Lichtpartikeln.

Wir wollen uns in diesem Zusammenhang die Frage stellen, was geschieht, wenn man das Weltall vom Standpunkt des Lichtes aus betrachtet? Albert Einstein zeigte, dass Lichtgeschwindigkeit im Weltall eine konstante Größe ist. Wie schnell man sich auch immer fortbewegt, so fand er heraus, das Verhältnis von Lichtgeschwindigkeit zur eigenen Geschwindigkeit bleibt konstant, nämlich 186.000 Meilen pro Sekunde. Auch wenn man sich selbst mit 186.000 Meilen pro Sekunde fortbewegt, überholt einen das Licht immer mit 186.000 Meilen pro Sekunde. Einstein zeigte ferner, je schneller man sich fortbewegt, desto langsamer vergeht die Zeit und desto kürzer wird die Entfernung. Wenn man sich also jemals mit Lichtgeschwindigkeit fortbewegen würde, würde die Zeit tatsächlich stillstehen und auch die Entfernung zum Nullpunkt zusammenschrumpfen. Daher lebt, vom Standpunkt des Lichtes aus gesehen, das Licht in einem Weltall, in dem es weder Zeit noch Entfernung und auch keine Materie geben kann. Vom menschlichen, an die Materie gebundenen Wahrnehmungsvermögen aus betrachtet, erzeugen wir Raum und Zeit in einem bestimmten Verhältnis zueinander: Wir erzeugen pro Sekunde 186.000 Meilen Raum. Es unterliegt dies dem Gesetz bewusster Manifestation, das wir als Lichtgeschwindigkeit interpretieren. Aber es ist keine Geschwindigkeit, es ist lediglich das Verhältnis der Entstehung von Raum und Zeit im Weltall.

Die Art und Weise nun, in der das Licht das Universum »sieht«, ist ähnlich der Sichtweise des Mystikers. Menschen, die sich im Stadium tiefster Meditation befinden, beschreiben ihre Erfahrung als eine, in der es keine Zeit und kein Raumgefühl gibt. Mehr

noch, da ist Einheit mit allem – und in sehr hohen Bewusstseinsstufen das Erlebnis, dass nicht ich im Universum bin, sondern das ganze Universum in mir! Und all dies zielt auf eine
Neugestaltung des Begriffs »Wirklichkeit« hin.

Aber noch ist es nicht so weit, noch bestehen die trennenden
Grenzen zwischen Wissenschaft und Spiritualität. Was sich heute
zeigt, sind nur Teilstücke, und es muss daran gearbeitet werden,
diese Teilstücke zusammenzufügen. Dieser Wandel muss sich voll-
ziehen, weil das materialistische Denkmodell diese Welt zerstört.
Diese destruktive Art des Bewusstseins zerstört nicht nur den Le-
bensraum auf der Erde, sondern auch die Qualität jedes einzelnen
Lebens.
Und so muss jeder diesen Bewusstseinswandel bei sich selbst her-
beiführen. Die tägliche Herausforderung liegt darin, die spirituelle
Arbeit an sich selbst zu leisten und sich eines Tages bewusst zu
werden, dass Bewusstsein die Grundlage ist und dass alles andere
durch dieses Bewusstsein geschaffen wird!

So vermögen wir nun die eingangs gestellte Frage »Was ist Heilung?« zu beantworten: Heilung ist das Erkennen des Christus-
bewusstseins. Es geschieht durch die Macht unseres Denkens,
dass wir imstande sein können, das Christusbewusstsein, das
TELESMA-LICHT hervorzubringen oder zu erkennen. Jemand,
der in Christus lebt, kann wie Jesus durch die Macht oder den
Prozess des Denkens seinen Körper oder auch die äußeren Le-
bensumstände und die Umgebung, in der er lebt, allmählich zur
Vollkommenheit verwandeln und entwickeln, indem er das Christusbewusstsein in sich erkennt.

IN ALLEM WAR JESUS DER BRUDER
UND DAS VORBILD!

Es geschieht einzig nur durch die Kraft des Menschen, dasjenige zu visualisieren, zu idealisieren, in sich zu empfangen und dann zu erschaffen, zu dem er aufschaut. Nur durch das »Aufschauen« vermag man das Überlagerte, »Hohe« zu erkennen.

Um die nachfolgende TELESMA-Behandlung nachvollziehen zu können, ist es notwendig, Sinn und Zweck der Chakren zu verstehen.

CHAKREN – UNSERE TORE
IN DIE GEISTIGE WELT

Diese sieben Zentren werden in der Yoga-Literatur als »göttliche Eingänge«, »Fenster« oder auch »Falltüren« bezeichnet, durch welche die Seele in den Körper herabgestiegen ist und durch die sie in der Meditation wieder aufsteigen muss. Dabei durchwandert sie sieben aufeinanderfolgende Stadien, bis sie schließlich das kosmische Bewusstsein erlangt. Und indem sie nun, durch das Bewusstsein gesteuert, durch die sieben erwachten, also geöffneten zerebrospinalen Zentren hinaufsteigt, was bildhaft ausgedrückt wird durch die Lotusblüten, deren Blätter nach oben hin geöffnet sind, tritt sie wieder den Weg zur Unendlichkeit an, begibt sie sich auf den Königsweg, an dessen Ziel die **Vereinigung mit dem göttlichen Geliebten** stattfindet.

Wer die Chakren stimuliert und ihren Energiefluss vorzeitig weckt, setzt unwissentlich auch den Kundalini-Prozess in Bewegung. Die **inwendigen Bildekräfte**, direkt aus der Kundalini-Shakti emanierend, sind dafür verantwortlich, was über die **Ebene des inneren Bildners** im Leben eines Menschen aktiviert wird. Wer also über verschiedenste Methoden von Visualisierungen,

Farben, Düften, Klängen u. a. m. die Erweckung der Chakren bewirkt, wird immer gleichzeitig, sobald er unbewusst am Wurzel- und Sakral-Chakra, also am Steiß- und Kreuzbein, »arbeitet«, die dort schlummernde Kraft »reizen«. Dann kann es passieren, dass die »Schlange Kundalini« mit einer jähen Bewegung »ausbricht«, weil die so verursachten Reizimpulse sie dazu zwingen. Wer sich dann in sexuelle Exzesse wirft oder, noch schlimmer, ganz auf dieser Ebene stehen bleibt und alle Bemühungen nur dem einen Ziel und Zweck dienen, »besseren Sex« zu haben, wird von dieser Kraft überwältigt, und im schlimmsten Fall wird die ursprüngliche Gesamtpersönlichkeit zerstört. Er bleibt dann ein der Sexualität ausgelieferter Mensch, ständig auf der Suche nach Befriedigung, die ihm kein Mensch mehr zu geben in der Lage ist. Man mag hier die große Gefahr erkennen, die in der scheinbar so harmlosen Spielerei mit den Chakren, wie sie die heutige Esoterikszene in so vielen Varianten anbietet, verborgen ist. Sexualität und Kundalini-Erfahrung schließen sich nicht grundsätzlich aus, aber Sexualität muss als ein Teil der Gesamtpersönlichkeit erkannt werden, gleichbedeutend mit den anderen Facetten der Persönlichkeit.

In jedem Körper befinden sich auch die kosmischen Prinzipien der Schöpfung, im Sanskrit »tattva« genannt. Jedem dieser »tattvas« ist ein besonderes Wirkungsfeld zugeordnet, in dem es sich entfaltet und von wo es auf das ganze System einwirkt. Es handelt sich hierbei um das »tattvische Wirkungs-Zentrum« von ganz bestimmten Lichtkreisen, genannt Chakren. Nun darf man sich diese nicht als physische, anatomische Strukturen vorstellen, die mit dem physischen Auge wahrgenommen werden können. Als Lichtsensoren sind sie äußerst subtile Formen des Körperbewusstseins, »Shakti« genannt, und ihre Anordnung befindet sich entlang der Wirbelsäule im Ätherleib, von wo aus sie sich zu lichter Tätigkeit entfalten können. Ihr unterster Wirkungsbereich beginnt am Ende der feinstofflichen Wirbelsäule und erstreckt sich von dort bis hinauf in den Scheitel. Dort, wo sich das jeweilige Chakra an der ätherischen Wirbelsäule befindet, ist auch sein unmittelbarer Einflussbereich auf den physischen Körper. Aus allen »tattvas« wird sowohl der grobstoffliche menschliche Körper gebildet wie auch das Universum – wie oben, so unten.

1. Das MULADHARA-SHAKTI (Chakra) befindet sich zwischen den Genitalien und dem Anus. »Mula« heißt Wurzel und »adhara« bedeutet Stütze. Unter Wurzel ist hier einerseits die »Wurzel der Sushumna« gemeint als Ruheort der Kundalini, und andererseits bezeichnet der Ausdruck auch den »Wurzelgrund aller Chakren«, auf den sie sich während ihrer Tätigkeit zu stützen vermögen.

   Der Muladhara-Lotos ist (wie auch jeder andere Lotos) das Subtilzentrum für dessen individuelle Region. Die Spitzen seiner Lotosblätter weisen alle nach unten und richten sich erst auf, wenn die Kundalini-Shakti sie bei ihrem Aufwärtssteigen berührt. Er ist karmesinrot und vierblättrig.

2. Das SVADHISTANA-CHAKRA befindet sich in der Region der Genitalien. Es heißt »svadhistna-padma«, das Verbindende. Es bildet einen sechsblättrigen Lotos von zinnoberroter Farbe.

3. Das MANIPURA-CHAKRA befindet sich im Zentrum des Nabel-Magen-Bereichs. »Manipura« heißt »strahlend wie eine Gemme«, und dies bezieht sich auf die ihm innewohnenden »teja«-Kräfte, das feurige Element des Gottes AGNI, des Feuergottes. Es zeigt sich in dunkler und düsterer Farbe und ist zehnblättrig.

Aus diesen drei Zentren wird der »virat«, der physische Körper gebildet.

4. In der Herzgegend liegt das ANAHATA-CHAKRA. Der Klang leitet sich ab vom »shabda-brahman«, dem »reinen Klang«, jenem, dem der Yogi zum ersten Mal begegnet, wenn er sich auf die Suche nach seiner Shakti begibt. Das Anahata-Zentrum ist der Sitz des JIVA-ATMAN, des Seelenkörpers, genannt »Hamsa«. Das Anahata-Zentrum wird als das »Große Chakra im Herzen aller« bezeichnet und ist der Sitz des »OMKARA«, des »EWIGEN SELBST«. Der Lotos ist von bhanduka-roter Farbe und besitzt zwölf Blütenblätter.

5. Im Einflussbereich des Kehlkopfes liegt das hierfür zuständige VISHUDDA-CHAKRA, das die Sprache und den Emotionalbereich regiert. Das, was sich im Anahata-Zentrum vorbereitet, kann hier nun erfahren werden. Es trägt den Namen »Vishudda«, weil die »Jiva« (Seele) beim Erblicken des »Hamsa« (Seelenkörper) nun geläutert (vishudda) wird. Der Lotos setzt sich aus sechzehn purpurnen Blütenblättern zusammen und bildet das Zentrum für das Äther-Tattva, das »akasha«, das die Intuition und Zukunftsschau beeinflusst. Auch das Gefühlsleben wird hier von der »Shakti Shakini« regiert.

6. Nun begegnen wir jenem Zentrum, das die Befehle des »HÖCHSTEN SHIVA« entgegennimmt, dem AJNANA-CHA-KRA, das sich zwischen den Augenbrauen befindet. Hier finden wir den ATMAN (die dem Menschen innewohnende Göttlichkeit), leuchtend wie eine Flamme, und das OM (der Urlaut, die erste Schwingung der Schöpfung). Von hier aus beginnt der Yogi die Regionen des Kausalkörpers zu ergründen. Es ist der Ort der tiefsten Meditation, von dem aus über den einzigen Guru – GOTT – meditiert werden sollte.

7. Darüber befindet sich das SAHASHARA-CHAKRA, der weiße Lotos mit seinen tausend Blütenblättern, der reine Ort der Wahrheit, der Ort BRAHMANS, von dem aus alles seinen Ursprung nimmt. Alles, was existiert, ist hier zunächst im Keim enthalten.

Die Essenz des tantrischen Wissens um die Chakren kann kurz folgendermaßen zusammengefasst werden: Aus allen »tattvas« wird sowohl der grobstoffliche menschliche Körper gebildet wie auch das Universum. Die Chakren sind die »göttlichen Feinsensor-Zentren« der entsprechenden physischen und psychischen Hüllen. Und wir erinnern uns: In jedem Körper befinden sich auch die kosmischen Prinzipien der Schöpfung, »tattva« genannt. Jedem dieser »tattvas« ist ein besonderes Wirkungsfeld zugeordnet, in dem es sich entfaltet und von wo es auf das ganze System einwirkt.

Der indische Yoga ist keine Schulung der Gesundheit, wie dies heute so oft fälschlich angenommen wird und wovon das breite Angebot an körperbezogenem Yoga im Westen zeugt. Es ist eine Schulung des geistigen Selbst, der höchsten und geheimnisvollsten Instanz des von Gott erzeugten Menschen. Es ist also eine Heils*lehre*, aber keine Heil*kunde*. Jeder, der auf seinem Weg zum Erfolg Yoga-Methoden anwendet, ohne sich selbst als Ganzes zu meinen, geht einen falschen Weg.

Wenn wir uns in die Seinsnatur unserer Chakren versenken, sollten wir dies mit einem neuen Bewusstsein tun, immer eingedenk der Verantwortung, die wir für uns selbst und für jene, die Hilfe bei uns suchen, tragen. Und wenn wir in tiefer Einwärtswendung das göttliche TELESMA-LICHT in unsere oder in die Chakren unseres Mitmenschen leiten, sind wir nichts anderes als Mitschöpfer in einem Mysterium, das wir mit dem Verstand niemals zu erfassen vermögen.

TELESMA-BEHANDLUNG

Nachstehend eine mögliche Formulierung für die TELESMA-Behandlung.

Vorbemerkung: Dieser Text dient in erster Linie nicht der Konzentration, sondern sollte ein Bewusstsein im Behandler und Behandelten sowohl für die Funktionsweise der Chakren als auch für das, was während der Behandlung in toto »passiert«, erzeugen. In der beidseitigen Konzentration auf seinen Inhalt entsteht ein Energiefeld, das Behandler und Behandelten zwar in besonderer Weise verbindet, aber eine oft gewünschte Distanz zwischen beiden ermöglicht, so dass die doch sehr persönliche Nähe, die bei einer solchen Behandlung entsteht, hinter das tatsächliche Geschehen zurückzutreten vermag.

Es ist wünschenswert, dass der Behandler so stark mit dem TELESMA-GEBET verbunden ist, dass es immer in ihm weiterschwingt, auch wenn er sich auf den folgenden Text konzentriert. In den Pausen, die zwischen dem jeweiligen Handpositionswechsel und dem Text entstehen, sollte die innere Bewegung des TELESMA-GEBETES oder bestimmter Teile daraus als heiliges Mantra das **Denken auf den höchsten Bewusstseinspunkt** des Behandlers konzentrieren. Eingedenk des Satzes, dass »*ohne Liebe* *nicht die geringste Spur göttlichen Lichtes fließt«*, sollte jede Behandlung ein Geschenk der Liebe sein, das, wie bei einem Geschenk üblich, niemals für Geld weitergegeben werden darf.

TELESMA-Behandlung:

Wir beginnen jede Behandlung mit der Konzentration auf das TELESMA-LICHT. Wir stehen hinter dem Patienten und legen unsere Hände sanft auf dessen Schultern, während wir uns in sein persönliches Energiefeld begeben. Wir nehmen ihn ganz bewusst mit all unseren spirituellen Sinnen wahr und bitten darum, dass nun alles aus unserem eigenen Denken ausgeschlossen wird, was uns »bindet«; dass wir also, von einer **unpersönlichen Liebe** geführt, einfach ins Tun gehen und alles Weitere Gott überlassen.

Jede Behandlung beginnen wir beim SOLAR-PLEXUS-CHAKRA. Es ist unser inwendiges Sinnbild für das TELESMA-LICHT. Es dient dem physischen Körper als **Aufnahmeorgan für das Licht der Sonne** und dem ÄTHERKÖRPER für die Aufnahme des göttlichen Heilstroms.

Sofern man den nachfolgenden Text benutzt, sollte man ihn auch laut sprechen:

Ich halte meine Gedanken völlig und mit Entschiedenheit auf den reinen, weißen Gottesstrahl gerichtet, der nun vermöge meiner Gedankenkraft langsam ausgeht in alle sieben Subtilzentren (Chakren) deines Körpers. Empfange das CHRISTUS-LICHT aus dem Herzen des Vaters, empfange nun aus meinen Händen den göttlichen Heilstrom in deinem SOLAR-PLEXUS-CHAKRA, damit alles aufgelöst werden kann, was der Vollkommenheit, die in deinem Leben Ausdruck verlangt, heute entgegensteht. Gib dein Denken, das um deine Probleme kreist, jetzt auf, und verbinde dich mit der Liebeskraft meines Herzens. Ja, übergib dein Denken Gott, damit Er, der die Vollkommenheit ist, in dir den Gedanken der Vollkommenheit denke.

Gott hat seinen Thron jetzt in dir aufgerichtet, und dieser Körpertempel ist schön, vollkommen, geistig und göttlich. Ich lenke das Licht nun in dein NABEL-CHAKRA, damit es dort alles zur Auflösung bringt, was du festhältst, LASS LOS, WAS DICH BINDET! Alle alten, schmerzhaften Erinnerungen übergib der göttlichen Liebe, die sie jetzt umwandelt in einen Strom weißen Lichts.

Der reine Gottesstrahl dringt nun in dein WURZEL-CHAKRA, von wo er langsam und sanft in alle Bereiche deines Körpers weiterfließt. Sei verbunden mit der Kraft der Erde, mit dem Ursprung deiner tiefen Gefühle, und spüre die Kraft des Lebens in dir. Ich lenke sie jetzt mental auch in deine Beine und Füße, damit du nie mehr »den Boden unter den Füßen verlierst«.

Ich gehe wieder zurück in den SAKRAL-BEREICH. Was vorher gelöst wurde, kann jetzt vom Licht aufgezehrt und verwandelt werden. Fühle jetzt, wie alte Bindungen sich lösen, übergib sie dem Heilstrom, der ununterbrochen und sanft aus meinen Händen fließt. Er nimmt auch die Flut deiner Tränen, deiner Schmerzen und deiner bisherigen Verzweiflung mit sich und wandelt sie um in Lebenskraft.

Nun gehe ich wieder zum SOLAR-PLEXUS und sammle die Sonnenkraft. Meine Hände sind der Generator für das Licht, aus ihnen strömt das große, schöpferische, heilende und strahlende

113

Prinzip. ALLES LEBEN IST EINS. Spüre nun die EINHEIT MIT ALLEM. Spüre, dass du nicht getrennt bist von GOTT. ER IST DAS LICHT, das heilend, auflösend und alte Bindungsschmerzen lösend nun durch dein Sonnenzentrum fließt.

Ich lege meine Hände nun sanft auf dein HERZ-CHAKRA. *Spüre den Fluss der göttlichen Allmacht, und gib alles ab, was du selbst als Machtstrukturen in dir hast. Verwandle sie in positive Kraft – jetzt in diesem Licht, dem wahren, einzigen Prinzip der Macht, die GOTT ist und der ein Mensch anhängen sollte.*

Nun lege ich meine Hände auf dein KEHLKOPF-CHAKRA. In ihm zeigt sich die verführerische Macht des Mentalkörpers. Lass jetzt alles falsche Denken los, öffne deinen Kehlkopfbereich dem TELESMA-LICHT, diesem Strom reinen weißen Lichts, dem nichts zu widerstehen vermag. Übergib dein Denken jetzt für immer GOTT, damit Er durch dich denke. In Ihm gibt es keine Unvollkommenheit! War es nicht schon immer dein Wunsch, von allem Erdrückenden, Engen, Dummen, Halbherzigen, Egoistischen, Verzagten, Beurteilenden und Bewertenden, kurz, von allem Unvollkommenen entbunden zu werden? Gehe nun in die Anerkennung, dass GOTT im Augenblick alles in deinem Dasein verwandelt, was du jetzt bereit bist, Ihm zu übergeben, und was bis heute durch falsches Denken blockiert war.

Sanft berühre ich jetzt dein DRITTES AUGE (Stirn-Chakra). Gib jeden Widerstand gegen diese Energie auf, und öffne dich ganz. Schwingung ist Leben! DIESES LICHT IST DIE HÖCHSTE SCHWINGUNG! Spüre nun den Gleichklang deiner inneren Sehnsucht mit der Schwingungsfrequenz dieses Lichtes. All dein Sehnen gilt doch in Wirklichkeit einem Leben in Vollkommenheit, in Liebe, Harmonie und Glück.

Die Welt vermag all dies nur in ungenügendem Maße zu geben. Warum sonst befindest du dich noch immer auf der großen Suche nach dem Glück? Öffne dich noch weiter. Die einzig mögliche Trennung von Gott kommt aus unserem Widerstand. Du widerstehst doch auch der Welt nicht und wartest geduldig in ihren engen Nischen, diesen kleinen Wartesälen des Glücks. Hier, IN DER VERBINDUNG MIT DEM LICHT liegt das große, nie enttäuschende Glück, das dich zurückführt in das HERZ DES VATERS, der einzigen Heimat der Liebe. Lass den heiligen Klang des OM jetzt in dir lebendig werden – ich warte so lange –, bis er deine ganze Seele erfüllt. Hier im Zentrum der heiligen Silbe OM (Schöpfungsschwingung, Schöpfungston) ist auch dein inneres Tempelheiligtum, das HEILIGTUM DES GRALS. Gehe nun tief hinein in diesen heiligen Ort.

CHRISTUS IST DAS LEBEN IN DIR, das nun deine ganze Gestalt erfüllt. Hier im SCHEITEL-CHAKRA fühle jetzt alle emporstrebende Energie, und erkenne ihren Ursprung. Sie kommt aus deiner Sehnsucht, die, genährt aus den verschiedensten Erfahrungen, die du Liebe nanntest, nirgendwo Halt und Befriedigung fand, weil sie sich in Wahrheit nach GOTT verzehrte. Gehe jetzt in die wahre, umfassende Vergebung. Vergib allen, die dir nicht geben konnten, was du suchtest, weil sie selbst Suchende waren. Vergib aber auch dir selbst. Und wisse, dass nicht GOTT dir deine sogenannten Sünden vergibt, denn Er hat nichts mit ihnen zu schaffen. Der Mensch selbst erschafft sie, und daher kann nur der Mensch dem Menschen vergeben. Spüre die Liebe nun als Licht, als Wärme, als Gnadenstrom, und das, was aus meinen Händen durch dein Scheitel-Chakra fließt, bringt alles zur Auflösung, was du bereit bist, heute, hier und jetzt zu VERGEBEN.

Und so gehe ich nun langsam wieder zurück, berühre sanft dein DRITTES AUGE. Spüre, wie das Glück dieses Augenblicks, der Nachklang des OM, nun dein ganzes Wesen durchströmt und dein Herz erwärmt.

Sanft berühre ich nochmals dein KEHL-CHAKRA. Lösche auch noch den letzten Gedanken an deine Unvollkommenheit aus deinem Kopf, aus deinem gesamten Denken, und sei dir bewusst, dass es nur an dir liegt, wie schnell du das wahre Ziel deines Lebens erreichst.

Hier in deinem HERZ-ZENTRUM löst das TELESMA-FEUER nun auch den letzten Rest von falschen Machtstrukturen, die dich bisher daran hinderten, einzig der göttlichen All-Macht zu vertrauen.

Und so sammle ich die Kraft nun wieder im SONNEN-ZENTRUM deines Seins. Von dort aus fließt sie jetzt überall hin, wohin dein Denken sie lenkt, um im Augenblick dort all das zu bewirken, was deine Liebe, die dem TELESMA-LICHT die Richtung weist, vermag.*

Wir beenden die Behandlung mit folgenden Worten:

ICH SEGNE DICH KRAFT DER AUTORITÄT,
DIE DIESES LICHT MIR ALS SEINEM WERKZEUG
UND WIRKZEUGEN VERLEIHT!

---

* Der kursiv gesetzte Text ist nicht zwingender Bestandteil einer Behandlung. Es ist jedoch nützlich, ihn wenigstens anfangs zu verwenden, um leichter in den Geist der TELESMA-Energie einzutauchen. Für Fernbehandlungen bietet er sich gleichfalls an.

Wir stellen uns nochmals kurz hinter den Patienten, legen wieder, wie zu Anfang, die Hände auf seine Schultern und fragen ihn, ob er auf eine bestimmte Körperregion noch eine Extra-Behandlung wünscht. Wir führen diese, wenn erwünscht, noch aus und schicken die Energie nach Beendigung der Behandlung mental wieder zurück zur »Quelle«.

Wir haben also gesehen, dass wir, im Unterschied zu Reiki, das TELESMA-LICHT nicht in einer Ganzkörperbehandlung in den Körper leiten, sondern durch einen geistigen Akt der Konzentration auf die eine höchste Kraft in die Energiekanäle der Chakren, die unsere Lichtfenster darstellen und als Verbindungsglied zwischen dem Ätherreich und unserer physischen Welt dienen.

Worin besteht dieser praktische Unterschied? Warum praktizieren wir hier nicht auch ein generelles Auflegen der Hände auf den gesamten Körper oder wenigstens auf ausgewählte »kranke«, bedürftige Körperstellen? Immerhin bieten wir es, wenn erwünscht, am Ende der Behandlung solchen Patienten an, die unter besonders starken Schmerzen, Ängsten oder Problemen leiden und die (noch) auf direktes Einwirken auf die erkrankte Körperregion angewiesen sind.

Wir wollen zur Beantwortung dieser Frage die verschiedenen Stufen jener Bewusstseinsprozesse betrachten, in denen Heilung möglich ist. Erklärend muss man hinzufügen, **dass Heilung immer möglich ist**, egal, auf welcher »Stufe« sich Heiler und Patient befinden. Warum dies so ist, wollen wir nun ein wenig beleuchten, und jeder mag sich selbst »irgendwo dazwischen« wiederfinden.

Die nachfolgenden Darstellungen bilden nur ein schmales Gerüst und geben natürlich nicht die ganze Vielfalt der möglichen Stufen der Heilung wieder, die in toto unendlich reich an Farben und Zwischentönen ist. Es geht zunächst ja nur um eine allmähliche Bewusstwerdung für das, was sich unter der Oberfläche der äußeren Bilder verbirgt.

STUFEN DER HEILUNG

1. *Allopathische Behandlung durch einen Schulmediziner:*
   Hier erfolgt fast ausschließlich die Verschreibung beziehungsweise Verabreichung von chemischen Medikamenten, die die
   Symptome, aber nicht die Ursache der Krankheit bekämp-
   fen.

2. *Konsultation eines der Naturheilkunde kundigen Arztes oder*
   Heilpraktikers:
   Verabreichung von auf natürlicher Basis hergestellten Medikamenten, die aufgrund einer genauen Anamnese und Ein-/
   Abgrenzung des Krankheitsbildes ausgewählt werden. Im Vordergrund steht noch immer die **Bekämpfung der Krankheit**
   mit den Mitteln einer natürlichen Arznei.

3. *Heranziehung eines Homöopathen:*
   Hier wird aufgrund einer ausführlichen Anamnese nach Aus-
   lösern für die Krankheit geforscht. Mit zumeist hochpoten-
   zierten homöopathischen Arzneimitteln wird nun »Gleiches
   mit Gleichem« mit dem »Geist aus der Flasche« geheilt. Man
   kann sagen, dieser Geist erhebt sich über die Materie und
   zwingt diese, das Krankmachende »auszugleichen« und den

natürlichen = gesunden Zustand wiederherzustellen. Es findet kein Kampf mehr statt.

Eine Fortschreibung dieser Methode ist die Behandlung mit den Bach-Blüten. Hier wird die Krankheit im Prinzip vollkommen ignoriert und stattdessen das Leben, das soziale Umfeld und die psychische Verfassung des Patienten einer genauen Analyse unterzogen und aus den dabei gewonnenen Erkenntnissen die entsprechende Blütenmischung zur Heilung und Regeneration der Psyche hergestellt.

4. *Anwendungen von geistigen Heilweisen durch direktes Auflegen der Hände auf den Körper und erkrankte Bereiche desselben:*

Solche Behandlung ist völlig wirkungslos, wenn der Geist während der Behandlung nicht, mit Hilfe eines Mantras oder Gebetes, auf die **Quelle der Vollkommenheit** konzentriert bleibt.

5. *Entwicklung der Intuition:*

Erspüren der physisch-psychischen Konstitution des »Kranken«; sich Einblenden durch Ausblenden aller krankmachenden, destruktiven Gedanken durch einen, mithilfe der die Konzentration stärkenden und Energie aussendenden Kraft eines Gebetes oder Mantras, auf die VOLLKOMMENHEIT gerichteten Geist.

Oberster Grundsatz bei allen »geistigen Heilweisen« ist die absolute Konzentration auf das Höchste innerhalb und außerhalb von uns, auf die göttliche Vollkommenheit, unter Ausschaltung aller störenden Gedanken durch ständige Konzentration auf ein Mantra oder ein spezielles Gebet.

6. REINES BEWUSSTSEIN - ICH UND DER VATER SIND EINS:

In dieser absoluten Erkenntnis kann Unvollkommenheit nicht bestehen bleiben. Hier angekommen, bedarf es nicht einmal mehr eines Gebetes. Heilung ist dann die EINHEIT MIT DEM INNEWOHNENDEN CHRISTUS, so wie der personifizierte Christusträger, Meister Jesus, es vorgelebt und praktiziert hat.

WER HEILT, HAT RECHT!

Diesem Grundsatz bleiben alle hier vorgestellten »Modelle« verpflichtet. Da es nur einen einzigen wirklich heilen Aspekt innerhalb der Schöpfung, die göttliche Vollkommenheit, gibt, ist jedes Modell auch richtig, sofern es mit und in gutem Glauben eingesetzt wird. Vom »Schulmediziner« zum »Gesundbeter« führt also nur eine graduelle Unterscheidung – das entwickelte Bewusstsein von Heiler und/oder Patient. Dieses allein bestimmt die Methode der Behandlung. Aber immer ist es Gott in seiner Vielgestaltigkeit, in seinem Reichtum an Möglichkeiten, der entsprechend des geistig-spirituellen Vermögens seiner Geschöpfe rückwirkt.

Dieses geistig-spirituelle Vermögen ist an drei Faktoren gebunden, die einleuchtend sind. An erster Stelle finden wir dort das **Karma**, das zunächst über den Erfolg jedweder Anwendung entscheidet. An zweiter und dritter Stelle finden wir **Glauben** und **Anerkennung**. Wenn diese drei eine Einheit bilden, kann im Augenblick alles aufgelöst werden, was vielleicht seit Zeitaltern im Faktor eins »gebunden«, also »krank« war.* Wir müssen erst einmal akzeptieren

---

* Ich säe eine Ursache und ernte eine Wirkung – das ist Karma. Es ist eine Gesetzmäßigkeit, die der Welt der Polarität oder Dualität angehört, in der wir – noch – leben, und die natürlich nicht »einfach so« außer Kraft gesetzt werden kann, wie es neuerdings in esoterischen Kreisen verbreitet wird. (Anm. d. Hrsg.)

lernen, dass die Krankheit eine **Rückwirkung unseres Karmas** darstellt, wir den Keim hierzu also einmal selbst gelegt haben. Diese Erkenntnis spricht alle, die wir bis heute vielleicht mitverantwortlich an unserer Krankheit machten, frei von jeder Mitschuld. **Es gibt keine Schuld!** Wie könnte Gott die Vollkommenheit sein, wenn Schuld bei seinen Geschöpfen existierte?

Unwissenheit trennt uns von der Vollkommenheit und war bis heute verantwortlich für unsere Taten, die uns in die Unvollkommenheit und in die Versehrtheit unseres Körpers oder unserer Psyche führten. Der Körper aber ist der äußere Tempel, durch den wir wirken. **Wenn Denken, Sprechen und Handeln nicht in Einklang stehen mit jenem, der der »wahre Bewohner« dieses Körpers ist, leiden wir körperliche Qualen.** Leben wir mit unserer Umwelt, unseren Mitmenschen nicht in Harmonie, leidet unser Körper ebenfalls. Jedes noch so geringe Abweichen von der Vollkommenheit wird vom Körper, unserem Seismographen für die Seele, quittiert.

Gott antwortet immer in der **Sprache der Vollkommenheit**, aber diese kann nur von einem »rein gestimmten Ohr« vernommen und verstanden werden. Glaube und Vertrauen (Anerkennung) sind also verantwortlich für den flutartigen Rückstrom der **heilenden Gnade**, die alles karmische Feuer zu löschen versteht. Wenn diese einem einfachen Arzt entgegengebracht werden, dann kann dieser ein ebenso gutes und richtiges Werkzeug in Gottes Händen sein wie ein Geistheiler.

Wir aber, die wir uns nicht nur intellektuell, sondern wahrhaft spirituell der Strahlkraft des göttlichen Lichtes geöffnet haben, vermögen uns jederzeit für eine der oben genannten Heilmethoden zu entscheiden. Gehen wir zum Arzt, mag sich auch unsere ganze Hoffnung, unser Glaube (= unser Vertrauen) auf ihn konzentrieren, und wir wissen, oder hoffen zumindest, dass er auch die richtige Pille für unser derzeitiges Problem wählt. Und indem wir diese Pille im unerschütterlichen Glauben auf Hilfe einnehmen, greift sie das Symptom bei den Hörnern, während in solcher Anerkennung des menschlichen Vermögens, sagen wir der Schmerzbekämpfung durch eine Pille, auch die Ursache für unseren Schmerz »automatisch« aufgelöst werden kann. Es ist also vor allem der Glaube, der wahrhaft Berge zu versetzen vermag. Um wie viel höher muss aber die Wirksamkeit geistigen Heilens angesiedelt sein, da der Glaube sich hier längst nicht mehr auf das Vertrauen in die menschliche Geschicklichkeit richtet, sondern einzig auf den »himmlischen Arzt«, der immer die »richtige Pille« verordnet, wenn wir ganz in der Anerkennung verankert sind.

Die meisten von uns haben kein Problem zu glauben, dass die eingenommene Medizin über die Körpersäfte wirkt. Wie steht es aber mit unserem Glauben, dass das göttliche Licht - über die Chakren in den Körper geleitet - tausendmal wirksamer sein muss? Natürlich, solange wir auf der falschen Vorstellung der Krankheit beharren, wird sie sich weder durch Pillen noch durch Handauflegen und auch nicht durch reine Gedankenkraft beseitigen lassen. Löschen wir aber das falsche Bild aus dem Bewusstsein - wie wir schon an früherer Stelle sagten - und setzen an dessen Stelle das »vollkommene Bild«, dann wird entsprechend unserer geistig-spirituellen Entwicklung Pille und/oder Gebet heilend sein. Es liegt einzig an uns, ob und wem wir vertrauen, immer begegnen wir Gott in einer seiner »Masken«.

ÜBUNG:

WIE IST ES UM UNSEREN GLAUBEN UND UNSER VERTRAUEN IN UNSERE EIGENE GÖTTLICHE UNVERSEHRTHEIT BESTELLT?

Wir spüren jetzt in uns hinein: Wie ist es mit unserem Glauben und Vertrauen in unsere eigene göttliche Unversehrtheit bestellt? Was hindert uns, die Krankheit, so sie besteht, im Augenblick zu überwinden?

Es handelt sich im Prinzip um die wirkliche, tägliche, ununterbrochene Umsetzung dessen, was das TELESMA-GEBET beinhaltet, so lange, bis seine Natur zu unserer eigenen ersten Natur geworden ist. Indem wir begreifen, dass wir uns nur aus mangelndem Verständnis, aus Unwissenheit von der göttlichen Vollkommenheit, unserer Ganzheit, Gesundheit und dem Glück getrennt haben, können wir nun den Schlüssel schmieden, der uns das Tor zum Herzen des Vaters aufsperrt.

Unser Leben zu verändern, ist der erste Schritt, ihn wollen wir gehen lernen. Alles Weitere ereignet sich dann wie von selbst. Wenn ich dies (noch) nicht anerkennen kann, also (noch) nicht glaube, ist Gott in seiner Unbegrenztheit, was auch alle unbegrenzten Möglichkeiten mit einschließt, noch immer eine unwirkliche Kraft für mich. Dann muss ich erst lernen, ihn als die einzige Wirklichkeit zu begreifen und alles andere als »Traum«, als Illusion erkennen. Und so, wie der Schläfer am Morgen die Augen öffnet und das Traumbild verschwindet, wird es auch einmal sein, wenn wir wieder eins geworden sind mit unserem Ursprung.

Wir versuchen uns nun vorzustellen, dass dieses Leben einem großen Schlaf gleicht, aus dem wir eines Tages aufwachen müssen, denn wer schläft schon in alle Ewigkeit? Versuche zu begreifen, um welches Erwachen es sich handelt.

WAS ZEICHNET
DEN »EINGEWEIHTEN« AUS?

Das Erste ist WISSEN, was nicht das oberflächliche Wissen meint, das man sich durch Bildung und Lesen aneignet, sondern **das tiefe Wissen, das aufsteigt aus der Weisheit unseres Selbst.** Natürlich muss auch dieses tiefe Wissen erworben werden, aber dieses Erwerben ist nur ein Zurückgehen, ein Sich-wieder-Besinnen auf jenes Wissen, das in jedem von uns schlummert.

Das Zweite ist das WOLLEN,
das Dritte ist das WAGEN,
die vierte und höchste Disziplin ist das SCHWEIGEN.

STILLE und SCHWEIGEN bedingen einander.
Die Stille ist vielfach erfahrbar,
auch im lautesten Getümmel der Welt.
Man kann nur in die innere Stille eintauchen,
wenn man die äußere Welt nicht in sich einlässt.
Nur dann wird man dort das Schweigen vernehmen,
das SCHWEIGEN GOTTES,
aus dem uns die wahre Kraft erwächst.
Denn alles, was GOTT bewirkt und tut,

TUT ER SCHWEIGEND!

Dass die Menschen GOTT heute nicht mehr verstehen,
liegt daran, dass sie das Schweigen verlernt haben,
weil sie die Stille nicht mehr kennen oder ertragen.
Sie haben sich immer weiter von IHM entfernt
und wissen nicht mehr, dass sie den Lichtfunken,
die kleine Flamme in sich tragen.
So ist jede Einweihungslehre nichts anderes als
DER WEG ZURÜCK.

ÜBUNG:

DIE GROSSE STILLE – DAS SCHWEIGEN

So wollen wir uns nun hineinbegeben in die GROSSE STILLE und versuchen, unsere Gedanken zur Ruhe zu bringen.

Diese Stille muss so umfassend sein, dass schon der geringste Gedanke sie stören würde.

Wie können wir so schweigen, dass alle unsere Gedanken jetzt in diesem großen Schweigen »untergehen«?

Das beste Kontrollinstrument hierfür ist der ATEM, der uns langsam in die Konzentration »zwingt«, uns also wegführt von dem »wilden Affen« in unserem Kopf.

Wenn wir gelernt haben, uns zunächst über den Atem zu konzentrieren, können wir nach und nach auch diese Übung zugunsten des Wunsches nach dem großen Schweigen in und um uns loslassen. Also uns selber loslassen und uns GOTT übergeben, damit er uns nun sein Wesen offenbare.

Wir erinnern uns: ALLES, WAS GOTT TUT, TUT ER SCHWEIGEND!

So ist das Erfassen des Schweigens gleichzeitig eine Wahrnehmung unserer eigenen göttlichen Wesensnatur.

EINKEHR IN DEN INNEREN RAUM DES SCHWEIGENS
Atem-Übung

Spüre dich jetzt in der Lebendigkeit deines Atems ...

Bewege dich nun auf der Atemsäule in den Mittelpunkt deines Bewusstseins ...

Lasse den Atem deine innere Kraft aufschließen, und versuche mit seiner Hilfe, den Zugang zur INNEREN FREUDE zu öffnen – und zur DANKBARKEIT ...

Lasse dein ganzes Sein, alles Denken, Fühlen und Erinnern jetzt mit dem Aus-Atem ausströmen ...

Begegne DIR SELBST nun an jenem Punkt, wo die Atemsäule in den Aus-Atem fließt ...

... und sich langsam mit dem Ein-Atem wieder aufrichtet ... und noch einmal ausfließt ...

Komme gestärkt wieder zurück.

2. TEIL

EINWEIHUNG – INITIATION: DER WEG

WAS IST EINWEIHUNG – INITIATION?

Dies ist ein Einweihungsweg. Aber wie wollen wir unser Modell definieren, wenn wir uns ganz bewusst von dem distanzieren, was heute alles unter diesem Etikett angeboten, vermittelt und verkauft wird?

Zuerst müssen wir den Begriff **Initiation/Einweihung** einer näheren Betrachtung unterziehen und von all dem Ballast befreien, der ihm anhaftet. Wir wollen ihn wertfrei bezeichnen als Öffnung eines – im Idealfall unseres – Weges.

Es gibt so viele Wege, wie es Menschen gibt. Lässt sich angesichts dieser Aussage ein allgemeingültiger Einweihungsweg vermitteln? Für einen östlichen Menschen stellt sich eine solche Frage überhaupt nicht, denn die östlichen Religionen sind in ihrer Wesensnatur Einweihungswege.

Warum tut sich das Christentum so schwer, genau die gleichen Werte und Wegbeschreibungen zu vermitteln wie z. B. der Buddhismus und der Hinduismus? Es liegt ursächlich im Alleinselig-Machungsanspruch der katholischen Kirche und in der oft abwegigen Interpretation der spirituellen Inhalte jenes Gefäßes, aus dem diese Institution ihre »Lehre« seit zwei Jahrtausenden schöpft. Bei den etablierten Kirchen ist weniger von einem »Christentum« als von einem »Krisentum« zu sprechen.

Man darf ja nicht vergessen, dass alle anderen Gruppierungen, bis hin zu den einzelnen christlichen Sekten, aus der katholischen Kirche hervorgegangen sind und die Wesensnatur der einstigen »Mutter« sich auch noch in den abtrünnigen und abgespaltenen »Töchtern« (be-) findet.

Kaum jemand in der westlichen Welt blieb unberührt, ja, unversehrt von dieser »Mutter«. Sie hat sich all die Verformungen und Krankheiten an und in den Seelenkörpern ihrer »Gläubigen« und den besonders ausgeprägten westlichen Atheismus ebenso ins Stammbuch zu schreiben wie den Zulauf, den die östlichen spirituellen Richtungen im Westen zu verzeichnen haben – eine Folgeerscheinung der eben beschriebenen Zustände.

Es liegt uns fern, diese Zustände näher zu analysieren. Es ist auch nicht unser Anliegen, einen Zugang zu dieser »Mutter« zu finden, sondern zu dem, was diese in nur unzureichendem Maße zu vermitteln in der Lage ist, die Rückbesinnung und re-ligio, also Rückbindung zum westlichen Weg. Das erfordert vielleicht ein neues Bewusstsein für das, was Inhalt und Anliegen des westlichen Einweihungsweges sein sollten.

Dieses Bewusstsein und damit das unbedingt erforderliche Unterscheidungsvermögen können nur durch sorgfältiges Abwägen der angebotenen Inhalte geschult werden. Dabei wird sich schnell ein Gespür für das entwickeln, was abgewiesen werden soll, ein Unterscheidungsvermögen, das sich dem segensreichen und dem unbedingt Notwendigen öffnet und das Unwesentliche oder gar Schädliche aussondert.

Wenn wir die Stufen der Einweihung bis in die Frühgeschichte des Menschen zurückverfolgen, werden wir gewahr, dass das zentrale Einweihungserlebnis immer ein Lichterlebnis war. Für den Menschen der Frühzeit mag dies noch eine ganz reale Erfahrung gewesen sein. War er bisher gezwungen, weitestgehend in der Dunkelheit zu leben, so bedeutete die Entdeckung des Feuers den ersten und vielleicht wichtigsten Schritt in seiner Entwicklungsgeschichte.

Alle Macht, die ein Mensch erreichen konnte, gründete sich auf dessen Möglichkeiten, das Feuer, das Licht zu beherrschen. Aus den primitiven Frühformen der Verteidigung der Sippe durch den Gebrauch des Feuers, das Schutz vor wilden Tieren und anderen Feinden gewährte, das Licht und Wärme in die Höhlen und Hütten brachte und die ersten Familienverbände am »heimischen Herd« versammelte, erwuchs der »Hüter der Flamme«, der Stammesälteste, der Häuptling, die erste Form der Priester- und Regentschaft. Im Laufe der Geschichte wurden diesen »Magiern der Flamme« übernatürliche Kräfte zugesprochen, und ihnen oblag die Initiation ihrer Stellvertreter und Nachfolger. So war die Initiation zunächst die Weitergabe der Kunst, Feuer zu entzünden und zu bewahren.

Der Urmensch war noch zutiefst verbunden mit den ihn umgebenden Kräften der Natur. Diese Natur sprach mit den Mitteln des Unerklärlichen. Die Gewalten, die aus ihr hervorbrachen, wie Regen, Blitze und Donner, mussten beobachtet werden. Aus diesen Beobachtungen wuchs ein Bewusstsein für die menschliche Möglichkeit, die bisher unerklärbaren Phänomene mittels Anrufungen des jeweiligen Naturgeistes zu steuern. Man wusste bald zu unterscheiden zwischen guten, dem Menschen geneigten, und bösen, dem Menschen schadenden, Geistern, die durch bestimmte Rituale (an-) gerufen werden konnten.

Auf diese Weise bildete sich nach und nach ein immer mehr verfeinerter Ritus im Umgang mit den Naturkräften heraus. Und so wuchsen die »Hüter der Flamme« zunehmend mit den übernatürlichen Wesenheiten zusammen, und alle Macht, die ihnen im Laufe der Zeit zukam, zogen sie aus ihrem Wissen, das sie immer weiter von den übrigen Menschen absonderte, was schließlich zur Gründung von Dynastien und Königtümern einerseits und religiösen Kulten, den Medizinmännern und Schamanen und schließlich dem etablierten Priestertum andererseits führte. Zunächst war die Macht, die die Regenten ausübten, gleichermaßen spirituell und weltlich. »Machterhalt« war stets das Zauberwort, das bis heute Kirche und Staat, nicht nur im christlichen Abendland, beherrscht.

Das ursprüngliche Amt, nämlich durch Initiation die Flammenkraft weiterzugeben, geriet durch den manischen Wunsch nach fast immer mit den Mitteln des Krieges erzwungenem Machterhalt immer mehr in den Hintergrund. Schließlich war Initiation nichts anderes mehr als die Weitergabe der Macht an einen Nachfolger, zumeist den Sohn, der die Befähigung für die Amtsübernahme nur aufgrund der »hohen Geburt« und rituellen Krönung mitbrachte.

Wo also steht der Mensch heute? Wie weit ist in ihm noch das Wissen verankert, das den Schleier zerreißen kann, der die Welten voneinander trennt – hier die Welt der irdischen Leidenschaften und dort das Reich des Numinosen, das keinem Menschen mehr zugänglich zu sein scheint?

Mit welchen Mitteln ist dieser »Schleier der Maya«, was meint: die **Absonderung von Gott durch die Annahme, diese Welt sei unsere Wirklichkeit**, zu entfernen, mit welchem Schlüssel ist die Türe zur Welt jenseits der Leidenschaften und Irrungen zu öffnen?

Nach Jahrtausenden der Entfernung vom Urgrund ist die Sehnsucht nach der Heimat des Geistes im Menschen wieder aufgebrochen. Er hat sich in Wirklichkeit nie entfernt von ihm, da das Wissen, wenn auch oft nur in Form einer Ahnung, noch in ihm schlummert. Er kann ja nicht ausscheren aus der Reihe der Ahnen, die ihn über das »kollektive Unbewusste« verbindet mit jenem Urmenschen, der das Wissen um den Zugang zur Quelle allen Lebens noch besaß, der die Schlüssel zu gebrauchen verstand, der das Feuer zu bannen wusste, das stets das Sinnbild für die Suche des Menschen bleiben wird.

DAS WISSEN, DASS GOTT LICHT IST,
IST IN IHN MIT FEURIGEN BUCHSTABEN
EINGEBRANNT!

Die Sehnsucht nach dem Licht kann nur in dem entstehen, der sich in der Dunkelheit befindet. Dann wendet er sich denen zu, von denen er vermutet, dass sie das Wissen besitzen, das ihn zum Licht führt. Man muss sich auf die Suche nach jenen begeben, die die eigene Tradition angenommen haben und sie leben, die nicht äußerliche Lehrsätze vermitteln oder dazu aufrufen, poetische Sätze als Ersatz für wahre Weisheit zu studieren.

DAS ANNEHMEN EINES EINWEIHUNGSWEGES
MACHT ES NOTWENDIG, SICH VOM
BISHERIGEN LEBEN UND DESSEN MAXIMEN,
DEN DENK- UND HANDLUNGSWEISEN,
DIE DIESE BESTIMMTEN, ZU VERABSCHIEDEN!

HÄTTE SOLCH EIN EINWEIHUNGSWEG EINEN
WERT, WENN SICH NICHT DAS TÄGLICHE
LEBEN IN BEZUG AUF BESSERES SEIN UND
BESSERES HANDELN VERÄNDERN MÜSSTE?

Nur durch das Annehmen der eigenen Tradition vermag die Erkenntnis im Menschen aufzugehen, dass alle Einweihung eins und universell ist, sie sich aber in unterschiedlichen Formen darbietet, gemäß dem kulturellen Hintergrund, in dem sie sich äußert. Wir können nicht ausscheren aus unserem kulturellen Erbe, unserer Vergangenheit, dem Blut unserer Ahnen (DNS), das auch unser Wesen in wahrer *re-ligio* heiligt.

Deshalb bildet das abendländische Erbe einschließlich des Christentums den Rahmen unseres Einweihungsweges, ohne dass wir für ihn in Anspruch nehmen, dass er der einzig wahre und mögliche sei.

Die Lehre des Christus war eine Synthese des Wissens seiner Zeit, und wir finden dort – wenn wir nicht die Kirchensprache zur Übersetzung christlicher Metaphern benutzen – die Essenz dessen, was ein Mensch an Weistum erwerben kann.

WAS SIND DIE MÖGLICHEN INHALTE DES WESTLICH-ABENDLÄNDISCHEN WEGES?

Es sind dies das alte keltische Erbe mit der Weisheit des Druidentums, die wahre Lehre des Christus und, aus ihr hervorgegangen, der Gralsmythos und die Lehre der Rosenkreuzer. Freimaurerei war zu allen Zeiten verbunden mit der Lehre des Rosenkreuzes. Das frühere und spätere Christentum hat noch viele andere in sich geschlossene Systeme hervorgebracht, wie die Bruderschaft der Katharer, die Templer, die Bogumilen usw. Wahres Christentum begegnet dem Suchenden am reinsten in der Lehre der ursprünglichen Rosenkreuzer und im Gralsmythos. Die Weisheit des alten keltischen Druidentums ist eine wertvolle Hilfe, die Lehre des Christus – die aus dem Judentum, der tiefen Gotteserkenntnis der Kabbala und jenem Weistum, das Jesus während seiner langen Reisen nach Indien, Tibet, Griechenland, Ägypten usw. erworben hatte – besser zu verstehen und sie mit den Augen des westlichen Menschen zu erkennen und mit dem alten keltischen Herzen, das in seiner Brust noch immer schlägt, in sich aufzunehmen.

Die Druiden waren und sind die Erben und Bewahrer des Heiligen Grals. Dass es auch dort niedrige Ausformungen und grausame Rituale gegeben hat, liegt in der menschlichen Natur und hat nichts mit den Inhalten der Lehre zu tun. Wer werfe den ersten Stein als Christ?

Wer also Zugang zum **mystischen Christentum** über die **Gralslegende** sucht, wird gleichzeitig mit der eigenen **keltischen Urtradition** konfrontiert. Große christliche Mystiker, wie z. B. Manfred Kyber, aber auch C. G. Jung, haben diese Zusammenhänge in tiefer Innenschau erkannt.

DER GRALSMYTHOS

Seine Herkunft und Bedeutung für den westlichen Weg

Wir sprachen bereits von der Annahme der eigenen Tradition. Im Gralsmythos nun kann der Anspruch, den wir im Annehmen der eigenen Tradition schon skizziert haben, mit einem ersten Inhalt gefüllt werden, denn er verbindet uns nicht nur mit unserer eigenen christlichen Kultur, sondern mit dem gesamten Quellgrund unseres kulturellen und spirituellen abendländischen Erbes. Wir wollen deshalb eine Einführung in die Herkunft und Wesensnatur dieses westlichsten aller Wege geben.

Der Gralsmythos ist gleichzeitig auch die im Wesentlichen mystisch-geprägte Suche nach dem Sinn des Lebens. Das Ziel der Gralsucher ist die Entdeckung des Schlosses, das den geheimnisvollen Gralskelch birgt, jene Schale, in der der Sage nach das Blut Christi aufgefangen wurde.

Die von verschiedenen Autoren an verschiedenen Orten und zu verschiedenen Zeiten verfassten Berichte weisen eine merkwürdige Übereinstimmung in den von ihnen entwickelten Ideen sowie in den Motiven und den Umständen der Suche auf. Allein diese Tatsache ist nicht dem Zufall zuzuschreiben, vielmehr verbirgt sich in ihr der göttliche Wille, der der Wahrheit immer ein Tor eröffnet, um ihr den Zutritt in diese Welt zu ermöglichen.

Ende des 12., Anfang des 13. Jahrhunderts, als die Macht der Kirche infolge ihres Größenwahns einen tiefen Riss bekam und die von ihr vermittelte »Froh-Botschaft« als äußeres Spektakulum nicht mehr unangefochten bestehen konnte, musste eine neue Deutung der christlichen Inhalte gefunden werden. Man versuchte, die überlieferte Heilslehre von den vordergründig kirchlichen Inhalten zu entbinden, sie also zu retten und in die mystische Tiefe der menschlichen Seele zu verlegen.

So fiel die Synkope der ersten Gralstradition mit jener Periode zusammen, in der die »allein seligmachende« Kirche die größten Anstrengungen unternahm, die von ihr als »ketzerisch« betrachteten neuen Strömungen zu unterdrücken. Sie setzte einige Zeit nach der grausamen Vernichtung des Templerordens, nach der sich besonders in Frankreich und Italien, aber auch in England die Vertreter gleichartiger Einflüsse in geheimer Form organisiert zu haben schienen, wieder ein. Diese Strömungen nun beeinflussten im Besonderen die Gralstradition, und so konnten sich bestimmte Motive bis in die heutige Zeit bewahren.

Der Gral selbst ist ein Symbol, das aus der ältesten Vergangenheit der abendländischen Tradition stammt. Bevor er als Schale, Kelch oder später dann als Hostiengefäß in der Literatur auftaucht, war er ein Kessel. Und so denken wir unweigerlich an die Druiden, die Kelten und an die alten skandinavischen Völker. Der »Kessel der Unsterblichkeit« findet sich in verschiedenen Berichten in der keltisch-germanischen Mythologie. Die keltische Rasse selbst entstand durch die Vermischung verschiedener aus Norden und Osten kommender Invasionsströme und wurde durch den skandinavischen »Beitrag« tief geprägt. Der Einfluss der nordischen Magie auf die Vorstellungswelt der Germanen ist bekannt, aber auch im äußersten Westen, besonders in der Normandie, finden sich heute noch seine Spuren. Er war stark genug, um das Aufblühen geistiger Bewegungen zu erlauben, die aber ihre eigenen Charakteristika hatten, die Templer, die Rosenkreuzer usw.

Die Glaubensvorstellungen der germanischen Völker sind in mythischen Berichten enthalten, in denen Gewalt und Magie aufs Engste verknüpft sind. Kelch (oder Kessel) und Lanze (oder Wurfspieß) werden fast immer genannt. Odin (Wotan) besitzt einen solchen Wurfspieß, der sein Ziel unfehlbar erreicht und eine beträchtliche Anzahl seiner Feinde tötet.

Der Kessel bezeugt die Verbindung von Asen (Germanen) und Vanen (Nordländer). Nachdem sie ihren Speichel in ihm vermischt hatten, wurde er zum Symbol des Friedens. Die Götter formten aus dem entstandenen Gemisch einen neuen Menschen, »Kvasir«. Dieser wird von zwei Zwergen getötet, die sein Blut in einen Kessel gießen und durch Beimischung von Honig Met aus ihm herstellen. Diesen Met, der beim Trinken zur Erkenntnis führt, eignet sich Odin (der auch die Runen schuf) an. Später wird dieser Kessel zum Symbol der Unsterblichkeit. Wenn man die im Kampf gefallenen Krieger hineintaucht, erwachen sie zu neuem Leben.

Keridwen [Fruchtbarkeitsgöttin, die mit Weisheit und Erneuerung verbunden wird, Anm. d. Lek.] kocht ihre magischen Kräuter in einem Kessel, der dem Druiden Morda und dem Zwerg Gwyon zur Obhut anvertraut wird. Drei Tropfen der kostbaren Flüssigkeit fallen auf den Finger des Zwerges. Er leckt sie auf und erlangt dadurch Weisheit und die Kenntnis der Zukunft.

Der Kessel, das Symbol der wahren Natur, enthält also das »Wasser des Lebens«, das Körper und Geist die Unsterblichkeit verleiht. Das Elixier, das die Tür zur Erkenntnis öffnet, reinigt die Materie und belebt den Geist.

Die christlichen Texte greifen nun dieses Bild wieder auf. Sie machen aus dem »Kessel der Unsterblichkeit« den Abendmahlskelch, in dem Joseph von Arimathia das aus der Seite des Gekreuzigten fließende Blut auffängt. In den vierzig Jahren seiner nachmaligen Gefangenschaft ist es der Gral, der ihm Nahrung und Licht gibt und ihn am Leben erhält. Und wie bei jeder initiatischen Tradition sind auch hier Geschichte und Mythos kaum zu trennen.

Auch in anderen Überlieferungen hören wir vom »Trank der Unsterblichkeit«. Die Hindus nennen ihn den »Soma-Trank«, »Haoma-Trank« heißt er bei den Persern. Und so spielen alle überlieferten Traditionen in diesem Zusammenhang auf etwas an, das von einer bestimmten Zeitepoche an verloren ging oder geheim gehalten wurde. Und so mag die Symbolik da und dort im Einzelnen verschieden sein, aber allen Traditionen ist der Verlust dieser seligmachenden Essenz eigen.

In diesen Zusammenhang gehört auch das »verlorene Wort« der Freimaurer, das die Geheimnisse der wahren Einweihung verkörpert. Die »Suche nach dem verlorenen Wort« dort ist also nur ein anderer Ausdruck für die »Suche nach dem Gral«. Und somit besteht eine enge Verbindung zwischen der Gralssymbolik und dem gemeinsamen Mittelpunkt aller Einweihungsgemeinschaften.

DAS »VERLORENE WORT« ABER IST EIN ZUSTAND DES SEINS

Der Heilige Gral ist also der Überlieferung nach jene **Schale**, die beim letzten Abendmahl benutzt wurde und in der später, wie erwähnt, Joseph von Arimathia Blut und Wasser aus der Seitenwunde Jesu auffing, die die Lanze (!) des Kriegsknechts Longinus (dieser Name selbst bedeutet Lanze) schlug. So spielen also Schale und Kelch immer eine große Rolle in der Mehrzahl der alten Überlieferungen.

Und es heißt, dass der Gral dem Adam im irdischen Paradies anvertraut wurde, er ihn aber bei seiner Vertreibung verlor.

Dies also besagt, dass der aus seinem ursprünglichen Zentrum vertriebene Mensch seither gefangen ist in einem zeitlichen Bereich. Er kann den einzigen Punkt, von dem aus alle Dinge unter dem Aspekt der Ewigkeit zu betrachten sind, nicht mehr finden. Dieser »Besitz der Ewigkeit« ist mit dem Zustand verbunden, den alle Traditionen den »ursprünglichen« nennen und dessen Wiederherstellung die erste Stufe der wirklichen Einweihung bedeutet, die Vorbedingung für die tatsächliche Beherrschung der »übermenschlichen« Zustände.

Auch die Zahl 40, die uns soeben bei der Geschichte von Joseph von Arimathia begegnete, entspricht in ihrem Zahlenwert dem Begriff der »Versöhnung«, und dies meint: Rückkehr zum Prinzip, von dem alles ausging. So finden wir in der jüdisch-christlichen Überlieferung diese Zahl immer wieder:

40 Jahre der Sintflut,

40 Tage, die Moses auf dem Sinai weilte,

40 Tage, die Jesus fastete usw.

So muss man sehen, dass alle, die nach Seth (der den von Adam verlorenen Gral im Paradies fand) den Gral besaßen, durch dessen Kraft ein »inneres geistiges Zentrum« zu errichten vermochten, dessen Bestimmung es war, das »verlorene Paradies« zu ersetzen. Auch Seth verweilte der Überlieferung nach 40 Jahre im Paradies.

Deshalb also bedeutet der **Besitz des Grals die unversehrte Erhaltung der Urtradition** in solch einem geistigen Zentrum, das natürlich nicht in der Kirche zu finden ist. Und es bedeutet ferner, dass der Verlust des Grals - oder seiner symbolischen Entsprechungen - den Verlust der Tradition mit allem, was diese umfasst, zum Inhalt hat.

Man kann sagen, dass dieser Verlust den Zustand der Kirche seit zwei Jahrtausenden repräsentiert. Und so wird nun, wenn wir uns die geschichtliche Periode, in der der Gralsmythos wurzelt, vor Augen halten, die wahre Bedeutung vollends verständlich. Die zeitweise zerrüttete, korrupte Kirche konnte und kann nicht als jenes geistige Zentrum erachtet werden, das die Urtradition bewahrt. Also mussten die heiligen Glyphen auf andere Weise bewahrt werden. Den Schlüssel zur richtigen Lesart vermag seit jeher nur jener zu finden, der sich auf die Suche nach dem »verlorenen Wort« macht.

Die Tafelrunde, die von König Artus nach den Weisungen Merlins – dieser gilt als ein Symbol für die weise Natur der Druiden, die das Christentum ohne Weiteres akzeptierten – gebildet wurde, war dazu ausersehen, den Gral in Empfang zu nehmen, falls er von einem Ritter erobert und nach Amorique oder **Avalon,** was heißt **Ort der Einweihung = Erkenntnis,** gebracht werden konnte.

Die **Tafelrunde** ist ein sehr altes Symbol, eines von jenen, die immer mit der Idee der die Tradition bewahrenden geistigen Zentren verbunden wurden. Die Kreisform der Runde steht formal mit dem Tierkreis in Beziehung, da zwölf Hauptpersonen um die Tafel gruppiert sind. Und diese Besonderheit kehrt bei der Errichtung derartiger Zentren, insbesondere beim **Abendmahlsgeschehen,** wieder.

So ist die grundsätzliche Bedeutung des Grals die gleiche wie im Allgemeinen die der heiligen Schale, wo immer man ihr begegnet. Besonders im Orient enthält sie als Opferschale ursprünglich, wie schon erwähnt, den »Soma« der Veden oder den »Haoma« der Mazdäer, also jenen »Trank der Unsterblichkeit«, der jene, die ihn bei entsprechender Eignung trinken, mit dem »Sinn der Ewigkeit« begabt oder oder ihnen diesen, nachdem sie ihn verloren hatten, zurückgibt.

Und so vermögen wir auch die Bedeutung des Abendmahlweins zu entschlüsseln. Es geht dabei immer um die Suche, Auffindung und Verehrung des dort (im Wein) gegenwärtigen kosmischen Christus, um seine Geist-Unmittelbarkeit, die in Brot und Wein als den Symbolen für das männliche und weibliche Prinzip als Ausdruck der Vollkommenheit präsent, also lebendig ist.

So schließen wir den Kreis: In der Durchdringung des Abendmahlsgeschehens, der Transsubstantiation, kann dann die Vereinigung der polaren Prinzipien stattfinden, die den Menschen in den Zustand der »Unschuld«, »Reinheit« und des »göttlichen Lebens« versetzt, demzufolge er zum »hermetischen Sonnenmenschen«, zum Träger des TELESMA-LICHTS, zum Abbild des Gott-Menschen wird.

DANN HAT ER DAS »VERLORENE WORT« GEFUNDEN
UND INDEM ER ES SPRICHT,
VERMAG ER DIE WELT AUS DEN ANGELN
ZU HEBEN!

Die Geschichte vom Heiligen Gral

Wir betreten den Wald, in dem sich das geheimnisvolle Schloss mit dem Gral befindet. Dort treffen wir alsbald auf andere Suchende, einsame Ritter, die alles Irdische verlassen haben, um die Eroberung des Grals auf sich zu nehmen. Ihr einziges Ziel ist die Entdeckung des Ortes mit dem heiligen Kelch. Sie haben sich völlig in Gottes Hand begeben und zählen nur auf dessen Barmherzigkeit, um auf einem Weg Begleitung zu finden, dessen Markierungen sie nicht kennen. Sie wissen nur eines, vor allem Bösen und dessen Versuchungen müssen sie sich in Acht nehmen.

Traditionsgemäß befindet sich der Gral also in einem Schloss, das auf einer Insel errichtet wurde. Die Insel, in vielen Mythen ein Ort des Geheimnisses, ist häufig von Nebel umgeben und von der übrigen Welt durch einen Wassergraben, einen Fluss oder den ganzen Ozean getrennt. Sie ist nur mit einem Boot zu erreichen. Ein solches von Wasser umgebenes Landstück verbirgt oft die Zufluchtsstätte eines Schlosses. Es mag dann vorkommen, dass dieses sofort verschwindet, wenn der Held es endlich nach langem mühevollem Weg erreicht hat, und sich dieser dann mutterseelenallein im leeren Wald wiederfindet. War es Täuschung, ein Traum oder eine ekstatische Vision, die das Ziel, die höchste Entlohnung für solche Mühe ahnen lässt? Der Zugang zum Schloss, die Zugbrücke, wird von Gralsrittern bewacht. Sie sind natürlich Angehörige des Templerordens und haben den Auftrag zu verhindern, dass Neugierige oder Menschen mit wenig Glauben sich dem Heiligtum nähern und es entweihen. Dieses ist übrigens nie ein Tempel oder eine Kirche, sondern gleicht immer einem befestigten Gebäude wie einer Burg oder einem Schloss, einem königlichen Palast. Sein beeindruckendes Äußeres spiegelt die innere Haltung des Suchenden wider, der edel und tapfer sein muss.

DAS AUFFINDEN DES GRALS ENTSPRICHT DER
ENTDECKUNG SEINES INNEREN HEILIGTUMS!

In diesem Zusammenhang ist die Feststellung interessant, dass die hier beschriebene innere Suche völlig mit der Suche nach dem »Stein der Weisen« (Lapis philosophorum) der Alchemisten übereinstimmt. Das befestigte Schloss entspricht entweder der Urmaterie (Materia prima) selbst, deren Inneres die klare, wertvolle Quelle birgt, oder aber dem Ofen (Athanor), in dem die

Verbrennung der Materie stattfindet. Der Ritter, der schädliche äußere Einflüsse abwehrt, wird so zum Verteidiger des »großen Werkes«, das heißt zum feurigen Element. Sein sprechendes Symbol ist der Wurfspieß, beziehungsweise die Lanze.

Wer also die Suche unternimmt, muss hohe Tugenden besitzen, und wer den Gral schließlich entdeckt, ist der beste Ritter der Welt. In *Le Roman du Roi Arthur* von de Langlais lesen wir: »*So wisst denn nun, dass der beste Ritter der Welt nicht nur tapfer sein muss, sondern der tapferste, nicht nur selbstlos, sondern der selbstloseste, nicht nur hilfsbereit, sondern der hilfsbereiteste, nicht nur rein, sondern der reinste, und das heißt noch einmal, wirklich der beste.*«

So beziehen sich die geforderten Eigenschaften auf den moralischen, den physischen und den spirituell-mystischen Bereich. Die Keuschheit oder zumindest die vollkommene Reinheit in einer eventuellen Verbindung ist absolutes Gesetz. Der Ritter braucht seiner Dame die körperliche Vereinigung zwar nicht zu verweigern, aber solche Verbindung führt zu schwerstem Unglück, wenn sie nicht jeweils mit einer vollständigen Reinigung einhergeht.

Galahad, der von Geburt und per definitionem Reine, kennt keine Begierde. Lanzelot dagegen scheitert an dieser Hürde und fügt zur Untugend noch die Ehrlosigkeit. Aber wir wollen nicht vorgreifen und die Suche nach dem Gral von dem Augenblick an (aus verschiedenen Quellen) rekonstruieren, an dem sie entschieden wurde.

Es ist **Merlin**, der Weise, der Erbe druidischen Wissens, der den Menschen die Existenz des Grals enthüllt und König Artus und seine Ritter dazu veranlasst, ihn zu suchen. Merlin, der der Verbindung eines gefallenen Engels mit einer Sterblichen entstammt, besitzt das Wissen um die verborgenen Dinge und die vergangenen, gegenwärtigen und zukünftigen Ereignisse. Zudem verfügt er über die Macht, den Elementen, Menschen und Tieren zu befehlen. Ein äußerst empfindsames Herz macht ihn aber trotz dieser außergewöhnlichen Fähigkeiten verletzlich. Zwar ist er durch seine übermenschliche Abkunft mit erstaunlichen Fähigkeiten begabt, hat aber von seiner Mutter die irdische, fleischgebundene Natur geerbt, die ihn für materielle Leidenschaften empfänglich macht. Durch sein Wissen um die Zukunft kennt er die Gefahr, die die Begegnung mit einem bestimmten jungen Mädchen für ihn bedeutet, das im Wald von Brocéliande lebt. Durch die Liebe zu Viviane wird er seine Fähigkeiten auf immer verlieren. Und aus angeblich rein intellektueller Neugier führt er diese Begegnung herbei, und das Schicksal nimmt seinen Lauf. Er enthüllt ihr nach und nach alle seine Geheimnisse. Bald weiß Viviane so viel wie ihr Lehrer. Sie nutzt seine Schwäche aus und schließt ihn in einem Luftschloss ein, aus dem es für ihn kein Entrinnen mehr gibt. So bleibt ihm nur noch seine ungehörte Klage über seine ausweglose Situation. Und damit endet die direkte Beteiligung des Druiden Merlin an der Suche nach dem Gral.

Aber wir kehren nun zum Ausgangspunkt der Geschichte zurück. Merlin, der König Artus bei seinen Reisen begleitet, kann diesem bei verschiedenen Anlässen durch seine Gegenwart und seinen Rat behilflich sein. Eines Tages erzählt er ihm, auf welche Weise der Mensch die Gnade des Goldenen Zeitalters verlor. Dann spricht er vom Gral, jenem von Christus beim letzten Abendmahl benutzten Kelch, und verkündet den versammelten Rittern, es sei der Wille Gottes, »*dass dieser kostbare Kelch, der sich in diesem Lande befindet, gefunden und seiner Not ein Ende bereitet werde*«. Hier wird auch die Verbindung der Druiden mit dem frühen Christentum verdeutlicht.

Diese Not hatte begonnen, als Joseph von Arimathia schließlich nach vierzigjähriger Gefangenschaft befreit wurde, und war sowohl durch den Verlust Jerusalems wie auch des »wahren Glaubens« verursacht worden. Wir befinden uns ja im Zeitalter der Kreuzzüge, in dem Kriege und Epidemien das ganze Abendland verwüsteten. Und so entspricht die Wiederentdeckung des Gralskelches der Eroberung des heiligen Grabes und damit der Gewissheit, die göttliche Barmherzigkeit zu besitzen.

Der Gral bedeutet schließlich nicht mehr nur das Gefäß, sondern auch den Inhalt. Er wird zu einem Symbol für das Blut Christi, und die Suche gilt über das materielle Objekt hinaus der Reintegration des Menschen in die göttliche Liebe. Wer rein und selbstlos genug ist, um dieses Ziel zu erreichen, wird also »der beste Ritter der Welt« genannt.

Nachdem **König Artus** seine weltlichen Angelegenheiten geregelt hat, beginnt die Gralssuche. Zwölf Ritter nehmen an ihr teil. Nach dem runden Tisch, den Artus auf Wunsch Merlins anfertigen lässt und um den herum die Ritter Platz nehmen, werden sie die »Ritter der Tafelrunde« genannt.

Der erste Ritter, dem alle Hoffnungen gelten, ist **Lanzelot.** Nach dem Tod seines Vaters, des Königs Ban, wird er von Viviane geraubt und von ihr im Schloss am Grunde des Sees aufgezogen. Artus schlägt ihn zum Ritter, und er wird zur Tafelrunde zugelassen, verliebt sich aber schnell in Guenievre, die Frau des Königs Artus. Und so hat er sich durch eigene Schuld aus dem Kreis der Auserwählten verbannt, denn er hat die »Sünde des Fleisches« begangen und zudem das Vertrauen eines anderen, seines Herrn, missbraucht.

Der nächste Held ist **Parzival.** Seine Mutter, die kurz nach seiner Geburt Witwe geworden war, fürchtet, dass er, wie sein Vater und seine Brüder, in den Krieg ziehen und dort den Tod finden könnte. Sie verlässt daher das Schloss mit einigen Dienern, um ihren Sohn in ländlicher Abgeschiedenheit, fern von der Welt mit ihren Turnieren und Kriegen aufzuziehen. Trotzdem trifft

Parzival auf drei Ritter, die ihm das Vorhandensein der »anderen Welt« enthüllen. Seine Wissbegier und sein Gespür für sein »wahres Geschick« sind so groß, dass ihre wenigen Worte ihn veranlassen, gleich am folgenden Morgen zum Hofe König Artus' aufzubrechen und sich zum Ritter schlagen zu lassen. Seine Abenteuer lassen ihn reifen, aber die erlebten Enttäuschungen führen dazu, dass er sich von Gott abwendet. Sieben Jahre vergehen, bis er plötzlich an einem Karfreitag wieder den Glauben findet. Er wird nun zur Tafelrunde zugelassen, und alle Hoffnungen gelten ihm. Aber drei Fehler, der Tod der Mutter, den er durch seine überstürzte Abreise verursacht hat, der Mord an dem »Roten Ritter« und das Schweigen in der Gralsburg, die Überlieferungen sprechen ausführlich darüber, machen ihn unwürdig, der beste Ritter der Welt zu sein.

Aus der Verbindung Lanzelots mit der Tochter des König Pelles war ein Sohn hervorgegangen – **Galahad.** Ohne zu wissen, dass Lanzelot sein Vater ist, wird er von ihm in einem Kloster zum Ritter geschlagen und zur Tafelrunde zugelassen. Die Prüfungen, die er im Laufe seiner Suche erlebt, führen ihn zum Verständnis des Guten und lassen ihn den Sinn des Lebens auf der Erde erkennen. Letztendlich wird er durch sie auch mit jenem mystischen Weg bekannt, der zur Kenntnis des Grals führt. Nachdem er seinen Auftrag angenommen und **sich völlig in die Hand Gottes begeben** hat, und hier liegt der wesentliche Unterschied zu seinen in diesem Punkt unentschlossenen Gefährten, **wird sein Weg einfach.** Und so wird Galahad schließlich als der beste Ritter der Welt anerkannt. Von Gott ausgezeichnet und begleitet von Lanzelot und Parzival, entdeckt er den Kelch mit dem kostbaren Blut. König Pelles, der Großvater, war sein Hüter.

Die drei Ritter – in anderen Darstellungen sind es vier; der vierte, Bors, gilt als das Sinnbild des »einfältigen Menschen« – erreichen dann die erhabenen Höhen der mystischen Kommunion. Josephe, der Sohn Josephs von Arimathia, liest die Gralsmesse. Christus erscheint und reicht ihnen die lang ersehnte »hohe Nahrung«. Das von der Lanze fließende Blut heilt den König Mordrain (Amfortas). Die drei vorherbestimmten Ritter verlassen schließlich die Burg und nehmen den Gral mit. Einzig jedoch Galahad erreicht die Fülle, denn der Herr hat ihm erlaubt, näher zu kommen, **zu sehen und zu begreifen.**

So beinhaltet die Gralssuche also alle Aspekte eines initiatischen Weges innerhalb der christlichen Tradition. Ihre esoterische Seite ist ständig präsent. Nur auf diese Weise ist sie überhaupt begreifbar, obwohl die Kirche dies stets geleugnet und ignoriert hat.

Wir wollen uns noch einmal dem Gral selbst zuwenden. Er wurde als Kelch, Schale oder Edelstein dargestellt. In der christlichen Tradition ist er, wie wir hörten, der Kelch des Joseph von Arimathia, in dem er das Blut und Wasser des gekreuzigten Christus-Menschen auffing. Woher aber kam dieser Kelch? Anfänglich scheint er, der älteren Überlieferung nach, ein Edelstein gewesen zu sein, ein Smaragd, der sich von der Stirn Luzifers löste, als der Erzengel Michael ihn schlug. Der mit Smaragden verknüpfte Symbolgehalt lässt vermuten, dass es sich hier um das sogenannte Dritte Auge handelt, was uns auch im Stirnauge Shivas begegnet (wir erinnern uns hierbei auch an die *Tabula Smaragdina*). Der Edelstein wurde dann in Form eines Kelches mit 144 Facetten geschliffen, wobei natürlich auch diese Zahl einen tiefen Symbolgehalt hat, den wir hier jedoch nicht weiter vertiefen wollen.

Seine Kraft ist schier überwältigend. Wenn er erscheint, ist er von strahlendem Licht umgeben, das dem Suchenden seine Gegenwart anzeigt. Diese Helligkeit ist für unreine oder stolze Menschen unerträglich, was bedeutet, dass nur der durch eine **langsame Einweihung** vorbereitete Schüler die angestrebten

Wahrheiten auch erfassen kann. Im besten Fall wird er seinen Weg nicht erkennen und sich wie ein Blinder verhalten, geblendet von diesem übergroßen Licht.

Dies spiegelt sehr deutlich den Zustand wider, der sich in jenen Gruppierungen und ihren Inhalten finden lässt, die schnelle Einweihungserfahrungen versprechen, ohne den dazugehörigen langen Weg zu vermitteln.

Wer schließlich versucht, die Pforte des Tempels gewaltsam zu öffnen, um eine Einweihung zu erhalten, zu der er nicht berechtigt ist, wird auf der Stelle zerschmettert, denn das Heiligtum schützt sich selbst. Der Auserwählte dagegen, der den Gral trägt oder für seinen Ruhm streitet, ist unangreifbar, denn er kämpft den Kampf des Lichts gegen die Mächte der Finsternis. Der ewige Mythos vom Kampf zweier Naturen, Gut und Böse, findet hier seinen Ausdruck.

Und ist der Gral nicht auch die Emanation göttlicher Liebe oder, in unserer Sprache, des TELESMA-LICHTES?

Wird der heilige Kelch nicht auch mit dem Herzen Christi in Verbindung gebracht, dem Sohn? Die »mystische Mahlzeit der Ritter« am runden Tisch ist jedenfalls ganz in diesem Sinne zu verstehen. Der Gral erscheint in der Tafelrunde und bringt jedem die Gerichte, die ihm am liebsten sind. Sie stillen den Hunger des Körpers ebenso schnell wie den des Geistes und der Seele. Außerdem beginnen sie mit dem Werk der Heilung. Sie schließen die Wunden, geben dem Körper neue Kraft und verlängern das Leben.

Die letztgenannten Eigenschaften hat nicht nur der himmlische Kelch, sondern auch die Lanze, die oft zusammen mit ihm erscheint und aus der stets ein Tropfen Blut tritt, sie heilt den König Mordrain (oder Amfortas). Einst gehörte sie, wir hörten es, dem römischen Soldaten Longinus, der sie dem Gekreuzigten in die Seite stieß, um sich seines Todes zu versichern. Blut und

Wasser traten hervor, die wie Lanze und Kelch immer einander ergänzende Symbole sind. Die **Lanze** stellt den **männlichen Aspekt** dar – positiv, aktiv und befruchtend –, während der **Kelch** auf den **weiblichen Aspekt** hinweist, der negativ, passiv und fruchtbar ist.

Diese beiden Elemente aber werden von einem dritten begleitet, dem **Schwert**. Durch seine kreuzartige Form stellt es die Verbindung zwischen ihnen her, denn der Schnittpunkt zwischen vertikaler und horizontaler Linie bedeutet, dass das Feuer der Lanze das Wasser des Kelches durchdringt.

Die beiden kriegerischen Symbole spiegeln den Geist, in dem die Gralssuche unternommen werden muss. So sagt auch Wolfram von Eschenbach »*Der Weg zum Gral eröffnet sich nur dem, der die Waffen in der Hand trägt*«. Ebenso wie der Urstoff der Alchemisten, die »Materia prima«, wird der Gral nur mit den Waffen in der Hand errungen. Dass damit keine irdischen, tatsächlich kriegerischen Waffen gemeint sind, versteht sich von selbst.

Auch die Lehre der Rosenkreuzer, deren Anfang nicht mit dem Erscheinen der drei Standardwerke des Johann Valentin Andreä zu Beginn des 17. Jahrhunderts (mit dem Hauptwerk der »Chymischen Hochzeit des Christian Rosenkreuz«) gleichzusetzen ist, was heute fälschlicherweise so dargestellt wird, hat das Christentum als eine Fortschreibung des alten Wissens erkannt, aber mit den Inhalten der neuen, allumfassenden Religion gefüllt.

Dies ist also der Born, aus dem der nach Wahrheit Dürstende noch immer trinken kann. Dort liegt die wahre *re-ligio* des westlichen Menschen.

Es soll hier nicht der Eindruck entstehen, dass, wie schon eingangs gesagt, dieses Weistum höher zu bewerten wäre als die östlichen Hochreligionen. Wir werden noch die Brücke aufzeigen, die von West nach Ost (und nicht umgekehrt) führt, und erkennen, dass die Essenz aus der gleichen Mutter hervorgegangen ist, aus jenen Lehrsätzen des Hermes Trismegistos. Und wir stellen gleichfalls fest, dass diese Lehre des Hermes nichts anderes war als die Zusammenfassung jener Erkenntnis, die lange vor ihm in den Hochreligionen bei den Lemuriern und Atlantern existierte. WENN GOTT DER ALL-EINE IST, DANN KANN AUCH DIE WAHRHEIT NUR EINE SEIN.

Überall, wo Gottes Wirken sichtbar durch die Überlieferungen der alten Völker schimmert, führt die Spur bis nach Atlantis und noch weiter zurück zu den wahren Ahnvätern der menschlichen Rasse, nach Lemurien.

Deshalb wäre es töricht, die eine Religion oder Rasse höher zu bewerten als eine andere. Es mag sich da und dort einiges verwässert haben oder durch falsche Interpretation entstellt worden sein, das aber ist Menschenwerk und wird sich im Laufe der Zeiten wieder in seiner wahren, unverfälschten Natur zeigen, denn so will es das GESETZ.

Wenn wir aber unser eigenes Wesen und die eigene Kultur, auf der dieses Wesen gründet, verstehen wollen, dann müssen wir erst nach unseren weltlichen, und das sind unsere westlichen Wurzeln, graben. Dann erst vermögen wir tiefer zu gehen zu jenen Wurzeln, die uns mit unserer eigenen, äonenlangen Vergangenheit »weltweit« verbinden.

ÜBER DAS WESEN DER SYMBOLE

Von jeher wurde das Wissen in Form von Symbolen übermittelt. Wie entstanden solche Symbole? Wie wir schon feststellten, gelang es dem Menschen durch das Beobachten der Elemente, Rückschlüsse auf deren wahre Natur zu ziehen. Er entwickelte also eine Art von Sprache, mit deren Hilfe er diese Erkenntnisse verdichtete. Der Gebrauch jeder Sprache ist gleichzeitig ein Energiefeld, durch das die vermittelten Inhalte lebendig werden. Er fand also heraus, dass jedem Ding eine Ursache für seine Entstehung innewohnt.

Sinnhaft wurden diese Erkenntnisse im Weiteren dadurch, dass der Mensch durch die Gegenüberstellung seiner eigenen Erfahrungen mit den Erfahrungen anderer lernen musste, in solcher Konfrontation eigene Erkenntnisse grundlegend zu überdenken. Nur solche Konfrontationen können zu wirklichen Erkenntnissen führen und im Folgenden zur Ableitung von Gesetzen, die das bestehende Wissen weiten und klären, aber leider auch festschreiben und es dadurch seiner Lebendigkeit berauben – der Fluch der Wissenschaft ...

Mit der Zunahme der eigenen Erkenntnisfähigkeit geht ein Wesentliches vor sich: Die erfahrbaren Gegebenheiten müssen in eine einheitliche »Sprache« gegossen werden, die jedermann, der dafür offen ist, lesen und verstehen kann. Auf diese Weise entstanden die Symbole als Zusammenfassung wichtiger Prinzipien. Zunächst waren es bildliche Darstellungen von bisher abstrakten Begriffen. Ein Symbol hat ja nicht die Kraft, aus sich selbst zu bestehen, sondern definiert sich aus der »Be-Deutung«, die ihm beigemessen wird.

So entstanden die ersten Höhlenmalereien und Schriftzeichen, die Hieroglyphen, Runen, die chinesischen Schriftzeichen, wie jede Zeit, jede Epoche aus dem ihr innewohnenden Reservoir, was die moderne, von der Psychotherapie inspirierte Sprache das »kollektive Unbewusste« nennt, schöpft. Aber immer handelt es sich um die gleichen Formen, Inhalte und Rhythmen, die seit Ewigkeiten bestehen, solange der Mensch um Erkenntnis ringt.

Und so entstanden nach und nach die wichtigsten Symbole, die allen Kulturen heilig waren und deren Sinnsprache sie darstellten und die viele Lesarten zuließen gemäß dem, was die spirituelle Aussage der jeweiligen Lehre war.

Nehmen wir als Beispiel die **Ursymbole Kreuz, Kreis und Punkt.** Das Christentum meint ein Anrecht auf das Symbol des Kreuzes zu haben, und das Kirchentum hat dieses Anrecht auf besondere Weise festgeschrieben.

Das Kreuz ist aber eines der fundamentalsten, ältesten Symbole der Menschheit überhaupt und bedeutet immer die Aufteilung von Kräften, die in Abhängigkeit zueinander stehen, das Symbol der Dualität schlechthin: die Horizontale und Vertikale, das Positive und Negative, das Männliche und Weibliche ...

Aus dem Schnittpunkt, der alle Gegensätze zum Ausgleich zwingt, erwächst das neue Leben. Mit Recht kann sich das Christentum auf dieses Symbol berufen, da die Lehre des Christus-Menschen als einer jener Schnittpunkte betrachtet werden kann. **Kreis und Punkt** können nicht voneinander gelöst werden, da sie jeweils der Schöpfer des anderen ist. Sie sind das **Symbol für Gott**, von dem es heißt, dass er das Zentrum darstelle, das überall existiere und keine Begrenzung kenne.

In der **Alchemie** stellt der **Punkt im Kreis das Gold** dar, jenen Stoff, der unter anderem das Symbol für den gottverwirklichten Menschen ist. Aber es steht auch für die **Sonne**, die ein anderes Symbol für Gott ist, und so entfernen wir uns niemals vom Ausgangs-Punkt. Der Kreis ist wie das Kreuz ein universelles Symbol mit dessen Hilfe der Lauf der Gestirne ebenso dargestellt wird, wie die Abfolge der Jahreszeiten und der Zyklus von Geburt und Tod. Immer begegnen wir im Symbol des Kreises jenen Zyklen vom Werden und Vergehen, was auch meint: ewiger Wiederkehr. **Mathematik beginnt mit dem Punkt.**

In der Genesis heißt es, dass am Anfang allen Seins nur Gott existierte. Er ist also der Ausgangspunkt der Schöpfung. Und die Kabbala lehrt, dass alles vom Punkt ausgehen muss, so wie alles wieder in ihn zurückkehrt. Der Punkt im Kreis, von Jakob Böhme (deutscher Mystiker) als das »Centrum Centrorum«, der Mittelpunkt aller Mittelpunkte, bezeichnet, symbolisiert das Kreisen um den Mittelpunkt der Transzendenz.

Weder die Mathematik noch Gott verharren im Punkt. Er bedeutet lediglich den Anfang der Dinge. Er muss sich also »ent-wickeln«. Da Gott Bewegung und Dynamik darstellt, muss sich der Punkt nun durch Bewegung entfalten. Entwicklung vollzieht sich nach einer unauflösbaren Gesetzmäßigkeit immer von oben nach unten und bildet so eine vertikale Linie, aus der sich der Punkt von oben nach unten »zieht«, als Sinnbild für den Menschen, der auch »von oben herabgestiegen« ist.

Das Verweilen des Menschen auf der Erde bildet die Horizontale, es entsteht des Menschen Kreuz. Betrachten wir aber den Mittelpunkt dieses Kreuzes, so sehen wir dort den Punkt, er ist der eine Ursprung, aus dem heraus alles andere entsteht.

So geschieht jede Einweihung seit der Frühzeit mit Hilfe von Symbolen, da jede Annäherung an das Geheimnis Gottes nur schrittweise erfolgen kann. Es muss sich der Einweihungsschüler der tiefen Wahrheit erst öffnen, um sie allmählich in sich aufzunehmen. Viele Richtungen unterweisen die Schüler daher in der Handhabung jener Mittel, die seine Entwicklung und die Entwicklung latent in ihm schlummernder Fähigkeiten wecken und fördern. Oftmals ging diese Erkenntnis augenblicklich mit der Erkenntnis der Macht einher, die er nun auf andere auszuüben verstand. Diese Gefahren bergen fast alle Wege in sich, und daher ist die **Erfassung der Symbolsprache** ein wichtiges Mittel, um solchem Machtmissbrauch vorzubeugen.

Jedes **Symbol** ist gleichzeitig ein **potenzierter Energieträger**. Das Bewusstsein des Menschen entscheidet darüber, auf welche Weise er sich dieser Energie bedient. Wenn sein Geist verdunkelt ist und er sich destruktiven Kräften geöffnet hat, werden sich auch die Symbole, so er sie auf diese Weise anwendet, mit erschreckender Macht ins Gegenteil verkehren. Deshalb ist es ein unabweisbares Gebot, dass jedes Symbol vom Lehrer *de*-chiffriert und erklärt werden **muss**. Fehlt einem Lehrer selbst der wirkliche Zugang, oder ist er nur in der Lage, vage Vorstellungen von dem zu vermitteln, was dem Symbol innewohnt, was heißt, welche Kraft es freizusetzen imstande ist, dann sind dem Missbrauch unweigerlich Tür und Tor geöffnet. Dann beginnt augenblicklich die Verelendung oft ganzer Systeme nach dem Prinzip von Goethes »Zauberlehrling«.

Der Geist heiligt die Mittel. Dessen eingedenk muss es logisch erscheinen, dass man um Art und Beschaffenheit eines Symbols wissen muss, ehe man es anwendet, und dass der Geist gereinigt, das Denken erhöht und die Absicht geheiligt ist, ehe man sich der universellen Sprache bedient und in die Geheimnisse Gottes und seiner Schöpfung vordringt. Denn jede Kraftentfaltung über ein Symbol ist gleichzeitig auch ein Schöpfungsakt im Kleinen ...

(Dieses Bewusstsein ist im Menschen vorhanden und bringt ihn leider oft genug dazu, sich selbst an die Stelle Gottes setzen zu wollen. Man denke nur an die Torheiten der Wissenschaftler in ihren Laboratorien, an ihre Flaschengeister, die nach dem Öffnen des Stöpsels entfliehen, und keiner kennt die magische Formel, um sie wieder in die Flasche zurückzuzwingen.)

... Dann wird man Einweihung als jenen Zugang zu einem höheren Bewusstseinszustand erfahren, der dem Schüler eine bessere Möglichkeit zur Meisterung seines täglichen Lebens bietet und die Erhöhung und Vertiefung seines spirituellen Lebens zum Ziel hat.

Aus diesem Grund entstanden die Geistesschulen, die es dem Schüler ermöglichen sollten, mit Hilfe der Anwendung von Ritualen und Symbolen und anderer geheimnisvoller Zeremonien Zugang zur Welt des Numinosen (= das Göttliche als unbegreifliche Macht) zu bekommen. Aber auch hierin liegen viele Gefahren.

Wenn einer denkt, nur durch ausgefallene Kenntnisse sich über andere zu erheben und er den vermeintlichen Status eines besonderen Menschen dadurch erreicht, wird niemals der Geist geheiligt, sondern nur der Hochmut geschürt. Nicht selten betrachten sich die Schüler bestimmter Gruppierungen als Auserwählte. Immer muss solches Machtstreben aber zur »Ent-Täuschung« und letztlich zum Scheitern führen. Denn das Gute wird immer sieghaft bleiben, aber der Preis, der zu zahlen ist, ist hoch, wenn die Mittel der Wahl durch das Ego und nicht durch die **unpersönliche Liebe** getroffen werden.

Es hat zwar heute Tradition, mit Hilfe von allerlei Humbug vor-
zugeben, die Welt des »Paranormalen« zu kennen. Aber es gibt
nur »normal«, was meint, wahrhaftig und in der göttlichen Ordnung, und »un-normal«, was bedeutet, dem momentanen Zeitgeist ergeben und nicht unbedingt der Wahrheit. »Paranormal«
ist ein Schlagwort, das aus dem Sprachgebrauch eines sich nach
Gott sehnenden Menschen verschwinden sollte, auch wenn es in
bestimmten Kreisen heute hoch angesehen, also »in« ist.

GOTT IST LICHT,
GOTT IST FRIEDEN,
GOTT IST DER WAHRE UND
EINZIGE BESITZ DES EINGEWEIHTEN!

Um diesen Besitz zu erlangen, braucht man nicht nur zu **wissen,**
sondern man muss auch **erkennen, wer bin ich, warum bin ich
und was ist mein Ziel?** Die Antwort hierauf vermögen einer über-
kommenen Tradition verhaftete Institutionen nicht zu geben,
sondern nur solche Gemeinschaften, die dem Schüler einen wahrhaft mystischen Weg aufzeigen, der ihn, so es ihm gegeben ist,
bis zur Erleuchtung, bis zur Vereinigung mit dem göttlichen Urgrund führen kann.
Jeder leichte Weg aber ist, wir hörten es schon, von vorneherein
auszuschließen, und dies umso mehr, wenn er im Handumdrehen
durch Geld zu erwerben ist. Gewiss, nichts ist umsonst, das Ziel
wird nur erreicht oder das große Werk nur vollbracht, wenn man
bereit ist, den Weg zu **gehen.** Ihn aber kann man nicht kaufen.

Wirkliche Einweihung ist ein langer und mühevoller Weg.

Sie ist nicht das Ergebnis einer plötzlichen Eingebung oder Offenbarung.

Einweihung betrifft immer das Innere des Menschen.

So sind die erwähnten Rituale und Symbole nur wichtige Werkzeuge, mit deren Hilfe der Schüler lernen kann, seine Gedanken zu kontrollieren, damit sie unbewusst in ihm reifen können. **In der wahren Einweihung wird niemals in einem Atemzug das gesamte Wissen übermittelt und die ganze Wahrheit enthüllt.** Der Schüler muss ja lernen, langsam, also nach und nach **sich selbst kennen zu lernen**, um sich später **selbst verwirklichen zu** können, das heißt, **zu seiner eigenen Wirklichkeit zu finden,** um das Höhere Selbst und dessen Wesensnatur ergründen zu können.

Der Teil der enthüllten Wahrheit entspricht dem **ersten Buchstaben des »verlorenen Wortes«,** das der Schüler wiederfinden muss. Bis er dann die Reihe der fehlenden Buchstaben gefunden hat, bedarf es langer, geduldiger Lehrjahre, denn, wir hörten es schon, **das »verlorene Wort« ist ein Zustand des Seins.** Hierbei wird er lernen, die ihm überlassenen Schlüssel zu gebrauchen, die in das Schloss des Gralstempels passen, den er zu betreten beabsichtigt. Im Sprachgebrauch der Einweihungslehre heißt dieses Öffnen das **Überschreiten der Schwelle.** Hierbei sind alle Möglichkeiten des Scheiterns solchen Schrittes inbegriffen – wie der eines Fehltrittes oder gar des Absturzes in die Tiefe. Und so wird dieses **Überschreiten der Schwelle** das Schlüsselerlebnis eines jeden Schülers sein, die härteste Prüfung, die er zu bestehen hat. Er kennt jetzt, da er den Pfad beschritten hat, die geistigen Gesetze und Prinzipien, die er beherzigen muss, um in das Tempelheiligtum ganz einzudringen.

163

Aber hier, auf der Schwelle, muss er erst einmal dem Hüter der Schwelle gegenübertreten, der ihn daran hindern will, diese Schwelle zu überschreiten. In ihm sind alle negativen Seiten des Schülers zusammengedrängt: seine Ängste, all die verdrängten Sehnsüchte und Wünsche und sonstigen arglistigen Begleiter seines bisherigen Lebens. Wie ist dieser Hüter der Schwelle aber dahin zu bringen, dass er den Weg frei macht? **Nur durch unermüdliche und unerbittliche Selbstbeobachtung, um so die eigenen Schwächen und Schädigungen am spirituellen Leib zu entdecken, aufzudecken und somit überwindbar zu machen. Dann erst kann die Seele, zusammen mit dem Geist, in den Bereich der Freiheit aufsteigen, erst dann ist sie ihrer Ketten entbunden und vermag das Licht zu erblicken.**

ÜBUNG

WIR VERSUCHEN, UNSEREM
HÜTER DER SCHWELLE ZU BEGEGNEN

Wir sprechen mit ihm und lassen uns von ihm alle inneren Probleme, unsere Schwächen und Schädigungen an unserem spirituellen Leib aufdecken und schreiben sie auf ...

Es können sich aggressive Gefühle einstellen, die auch Ängste auszulösen imstande sind und die mutlos machen könnten. Wir können unserem Schwellenbewacher auch mit dem Malstift begegnen, wenn uns das leichter fällt.

Wichtig ist zu erkennen, dass dieser Hüter, auch wenn er den Träger unserer unbewältigten Probleme darstellt, ein positiver Archetyp ist; und wie wunderbar unsere Psyche eingerichtet ist, dass es diese Instanz im Inneren gibt, die dem Menschen, der ja ganz an seine Gefühle gebunden ist, aufzeigen kann, wo die inneren Beschädigungen und Schwächen liegen. Er ist keiner, der verurteilt oder aus sich heraus »leidet«; alle unsere inneren Archetypen sind wirkliche Lehrer und keine Schulmeister.

Wir sprechen mit ihm und lassen uns von ihm alle unsere inneren Probleme, unsere Schwächen und Schädigungen an unserem spirituellen Leib aufdecken, danken ihm und bitten ihn nun, uns den Weg freizumachen.

Nicht im Aberglauben oder im »Paranormalen« findet sich Hilfe, sondern nur in der Demut und in der Liebe, in der Kraft zum Verzeihen und Vergeben, und im Blick auf den Glauben und das Vertrauen in die eigene Kraft zur Erlösung wird der Aufstieg zum Licht zu vollbringen sein. Das Wort »Glaube« aber hat einen geradezu unerlösten Beigeschmack, denn es scheint der alten Kirchensprache zu entstammen. Wir wollen es erlösen:

GLAUBE IST DIE VERBINDLICHE GRUNDLAGE
WAHRER MENSCHLICHKEIT UND
DIENT DEREN HÖCHSTEM IDEAL.
DAS GIPFELT IN DER UNIVERSELLEN LIEBE
ZU ALLEM GESCHAFFENEN UND
DESSEN SCHÖPFER SOWIE DER GEWISSHEIT,
DASS AUSSERHALB DESSEN
NICHTS WIRKLICHES EXISTIERT.

So verliert dieses Wort augenblicklich seine Schärfe und verwandelt sich in das Zielwort des Einweihungsschülers.

INITIATISCHE KENNTNIS

Wir wollen noch einmal zurückblicken auf das früher Gesagte. Es steht jedem Menschen frei, sich für einen spirituellen Weg zu entscheiden, er mag im Osten, Süden, Westen oder Norden fündig werden. Aber das Blut seiner Ahnen ist in ihm lebendig und verlangt nach Erlösung, das heißt, dass er sich zunächst an die eigene Tradition wenden muss, wo er den Grundton findet, der in ihm schwingt, der die Harmonie bildet, in deren metaphysischem Schwingungsfeld er lebt.

Ihm muss der Unterschied zwischen der traditionellen Organisation bewusst werden, die sich seit beinahe zweitausend Jahren darum bemüht, die Kenntnisse dessen weiterzugeben, was sie für die wahre Lehre hält, und jenem Urgrund, in dem die wahre Lehre seit Ewigkeiten aufbewahrt wurde.

DIESER URGRUND BEFINDET SICH
IN JEDEM MENSCHEN SELBST,
GEMÄSS DEM JESUS-WORT
»DAS HIMMELREICH IST INWENDIG IN EUCH«.

Es bedarf eines Lehrers, eines Meisters, der den Zugang zur inneren Quelle wieder freilegt. Ein solcher Lehrer kann über eine gewisse Zeit auch ein Buch sein, aber das Lesen allein führt noch nicht zur Erleuchtung. Es kann allenfalls den Kontakt herstellen, der irgendeines Tages dorthin führt. Selbstinitiation durch ein Buch ist vielleicht möglich, wenn man es nicht nur liest, sondern das Gelesene in lebendige Erfahrung umsetzt (wer aber tut dies schon, wenn ein »echter« Lehrer fehlt, der die Wachstumsschritte mit wachsamem Auge beobachtet?).

Dies kann aber auch nur dann möglich sein, wenn solch eine Erfahrung auf dem Hintergrund einer schon erworbenen initiatischen Kenntnis basiert, was zum Beispiel das Unterscheidungsvermögen mit einschließt, ohne das ein stummer, sozusagen unflexibler Lehrer, wie er uns in einem Buch begegnet, nicht in seiner wahren Qualität erkannt werden kann.

Wie aber ist initiatische Kenntnis zu erwerben? Durch das Studium der Lehren, wie sie in den heiligen Büchern überliefert sind. Sie sind frei vom Zierrat des Zeitgeistes und dem Willen zum Erwerb des »schnellen Euros«. Sie spiegeln das ganze Wissen der Menschheit wider, im Gewand jener Kultur, die den Rahmen unserer Erfahrungen bildet. Ferner durch die Erfahrungsberichte der wahren Eingeweihten, der Heiligen und Mystiker aller Zeiten und Kulturen. Dann hat man vielleicht die Kenntnis erworben, die den inneren Drang nach wirklicher Initiation auslöst.

Dabei schlummert, wie im winzigen Samenkorn der zukünftige Baum mit seinen Blättern, Blüten, Früchten und neuen Samenkörnern und damit neuen Bäumen ohne Ende ruht, schon im einfachsten Sinnbild eine Fülle von Bedeutungen, Einsichten und höher führenden Erkenntnissen, die nur auf den Erwachten, den in das göttliche Mysterium Eingeweihten warten, der sich ihnen aufschließt und sie in sich lebendig macht.

DIE ZEITALTER

Sich der eigenen Kultur und ihrer Geschichte – und somit auch den Inhalten der spirituellen Lehren des (nicht nur christlichen) Abendlandes – zuzuwenden, schließt den Kreis, der alle Kulturen in seiner Mitte bewahrt.

Warum dies so ist, vermag uns ein Blick auf die Entstehung der indischen Hochreligion zu zeigen. Nicht alle kennen heute diese Geschichte noch, die im »Ramayana«, dem indischen Heldenepos, nachzulesen ist. Sie erklärt unter anderem, warum die Inder, genau wie die Hebräer, »Arier« sind.

Der Stammvater Ram, später Rama, kam mit seinem keltischen Gefolge nach langen Abenteuern der Eroberung vieler Länder und Stämme schließlich bis Indien und begründete dort eine neue Dynastie.

Die »neue Lehre« war aber nur die Erneuerung der alten, bestehenden, die sich ihrerseits nicht wesentlich unterschied von jener des ägyptischen Reiches. Sie alle gründeten auf der Lehre des Stammvaters Hermes Trismegistos, die in ihrer Essenz das Postulat vertritt »Das, was oben ist, ist wie das, was unten ist«. Die ganze Schöpfung, deren Schöpfer selbst und die erste Manifestation des Göttlichen, die Erzengel, unterliegen diesem Grundsatz.

Wie sehr die Kulturen von der Radiation des göttlichen Atems, des Allweistums ergriffen waren, zeigt das Wissen um die Gesetzmäßigkeiten des kosmischen Zyklus', das in und zu allen Zeiten lebendig war. Diese Gesetzmäßigkeiten drückten sich auf der äußeren Ebene durch das Wissen um den Kreislauf der Gestirne aus, das sich wiederum in den Anordnungen der Tierkreiszeichen kundtat.

So ist jedermann heute bewusst, dass das Fische-Zeitalter zu Ende gegangen ist und das Äon des Wassermanns begonnen hat und dass vor dem Fische-Zeitalter das Zeitalter des Widders herrschte. Diese Zeit führt bereits in die Frühgeschichte der Menschheit und ist, der modernen Geschichtsschreibung zufolge, der Beginn des »zivilisierten« Menschentums. In Wirklichkeit stellt dieser geschichtlich überschaubare Zeitraum nur jenen der derzeitigen Kultur dar, während zwei Hochkulturen, jene von Lemuria und Atlantis, lange vorher dem Untergang geweiht waren.

Im Widder-Zeitalter erfolgte die erwähnte Eroberung Indiens durch Ram. Aber auch der Tanz um das »Goldene Kalb« der Hebräer wich der neuen Anordnung, künftig dem Widder, in Form eines Lammes, zu opfern. Diese »Opferphase« ist in der Heiligen Schrift durch ungezählte Beispiele belegt. Da Jesus zu Beginn des Fische-Zeitalters kam und das alte Zeitalter des Widders noch lebendig war – und die ersten Christen erst das Symbol des Fisches verwendeten –, ging auch sein Opfertod als jener des »Lammes Gottes« in die Geschichte ein. Vorbei war das Zeitalter des Minotaurus' und der heiligen Stiere der Ägypter, Assyrer und Kreter.

Das Zeitalter des Widders wurde, wie schon erwähnt, abgelöst von jenem der Fische, und an dessen Beginn erschien der JESUS-MENSCH als CHRISTUSTRÄGER. Aber das Zeitalter des sogenannten christlichen Abendlandes geht unaufhaltsam seinem Ende entgegen.

Wie alle alten Lehren jedoch in ihrem Kern auch nach dem Heraufdämmern eines neuen Zeitalters bestehen blieben und nur die äußeren Formen verschwanden, so müssen auch die Inhalte des Christentums bewahrt werden, was nicht gleichbedeutend ist mit der Erhaltung der Gefäße, die vorgeben, den Trank der Unsterblichkeit zu bewahren. Diese Gefäße werden zerbrechen, und der Trank wird von anderen geborgen, die ihn Ganymed, dem göttlichen Mundschenk, reichen werden im Zeitalter des Wassermanns.

Da es nur eine einzige universelle Lehre gibt, werden sich immer nur die Formen wandeln. Aber die **innere Lehre** ist immer und überall identisch, **alle Religionen sind mit ihr verbunden.** Es ist ihre **Essenz** wie ein leuchtender Faden in ihren individuellen Teppich eingewebt. Die innere Lehre aber bildet den schon erwähnten **Kreis, der, ohne Anfang und Ende zu kennen, alle Religionen umschließt.**

Das Sichzuwenden zur Urtradition also bedeutet in unserer Lesart das Eindringen in die eigene Tradition, von der das Christentum den letzten Abschnitt darstellt. Das Wissen um diese Urtradition subsummiert in dem erwähnten berühmten Hermessatz »Das, was oben ist, ist wie das, was unten ist«. Heerscharen von Gelehrten aller spirituellen Richtungen und Zeiten haben versucht, diesen Satz mehr oder weniger erfolgreich zu deuten.

So können wir diese Betrachtungen mit der Feststellung beschließen, dass das überschaubare spirituelle Wissen des Menschen auf diesen Stammvater zurückgeht ...

(- dessen Lehre unter anderem als Allegorie, da er keine geschichtlich belegbare Gestalt ist, für die Möglichkeit steht, dass der Mensch fähig ist, alle Kenntnisse zu erwerben -)

... und dass alles dies nur erfahrbar wird, wenn wir uns in die eigene Geschichte, in das eigene Erbe begeben (denn auch die Lehre des Hermes war nur eine Fortschreibung einer lange vor ihm existierenden Lehre). Nun mit diesem Wissen vertraut, vermögen wir uns dann auch die Schätze des restlichen Weltweistums zu erschließen ...

(– man nehme hierfür das Beispiel östlicher Weltweiser und Heiliger, sie haben alle Erkenntnisse immer nur aus dem Bodensatz ihrer eigenen Kultur und Religion gezogen und ihre Sichtweise auf andere Religionen aus ihrem eigenen Erleben und Wissen – als Analogie und Gegenüberstellung – weitergegeben –)

... und zu sichern, was schließlich in die Erkenntnis münden wird, dass alles EINS und nicht voneinander getrennt ist. Dann haben wir den ersten Schritt zur Einweihung getan. Dann spielt es keine Rolle mehr, welchen Weg wir künftig wählen, denn wir haben erkannt, dass alle Wege »nach Rom« führen, was im universellen Sinne natürlich nicht die Kirche, sondern die Einheit meint.

DIE FEINSTOFFKÖRPER
UND IHRE WIRKWEISE
– MIT EINER ÜBUNG

Wenn wir alle Erkenntnisse in uns zu einem unzerreißbaren Gewebe verdichtet haben, wird uns bewusst, dass der Weg der Einweihung in erster Linie darin besteht, unser Gedankenleben einer ständigen Überprüfung zu unterziehen. Nicht dergestalt, dass wir nach dem Denken und Sprechen Überlegungen über unser Verhalten anstellen, sondern dass wir lernen, Denken und Sprechen in Einklang mit unserem inwendigen Gott zu bringen. Das bedeutet, dass die Gedankenkontrolle bereits vor dem Denken einsetzen muss, damit unser Sprechen wie von selbst geheiligt werde. Diese Form der Gedankenkontrolle verlangt viel von uns, denn alle alten, bisher so kostbar gehegten Werte müssen neu überdacht und schließlich verabschiedet werden. Wir finden dabei zu einer neuen Lebenshaltung, wodurch sich nicht die materielle Seite unseres Lebens, also unsere äußere Lebensqualität, aber unsere Seelenqualität erhöht. Dieser Entwicklungsweg ist der Pfad der Achtsamkeit. Wir begegnen uns selbst ebenso achtsam wie unseren Mitmenschen, mit unterschiedlicher Motivation.

Unser astrales Vibrationsfeld ist die unmittelbare Umgebung, die unser Emotionalkörper um uns herum schafft. Gute Gedanken erzeugen ein ausgeglichenes »Betriebsklima«, in dem auch unsere Emotionen eine sichere Heimat haben. Negative Gedanken bieten auch dem Astralkörper keine gute Entfaltungsmöglichkeit und bringen uns also dahin, unser Radiationsfeld (= Schwingungsfeld) solchen Menschen zu öffnen, die auf der gleichen Wellenlänge agieren, nach dem Motto »Gleiches zieht Gleiches an«.

Wir haben gesehen: Astral- und Mentalkörper bedingen einander, und durch die Erhöhung unserer Gedankenradiation entsteht ein Vitalfeld für den Astralkörper, der nicht nur alle lichten Menschen, sondern auch alle lichten Wesenheiten in seinen Bann zieht, die in dieser Astralsphäre ihren Dienst versehen.

Jeder ist seines Glückes Schmied. Mit unserem Denken schaffen wir das Klima in dem »Raum«, in dem unser ganzes Leben – unsere Gesundheit, unsere sozialen Kontakte usw. – gedeiht. Schwüle Gedanken schaffen ein Reiz- oder Treibhausklima, das üppig wuchernde Gedankenformen entstehen lässt, die aber unserem Seelenkörper Schaden zufügen. Nur unser Ego vermag sich daran vielleicht zu erfreuen, aber ihm und seinen Forderungen nach den Nervenkitzeln, die die Welt zu bieten hat, haben wir, sobald wir auf den Pfad der Achtsamkeit getreten sind, eine Absage erteilt.

Mit der **Einkehr in die Stille der Meditation** und der **Ausrichtung auf das Ziel unseres Lebens**, das wir nun schon eingehend skizziert haben, gewähren wir Astral- und Mentalkörper die nötigen Freiräume, in denen sie regenerieren können. Somit schaffen wir jenes **astrale Vibrationsfeld**, das wir brauchen, um unseren verletzten, vernachlässigten Seelenmenschen zu erheben – und unserem Nächsten selbstlos zu dienen. Dann erfahren wir die **unpersönliche Liebe**, die aus unserer eigenen Wesensmitte aufsteigt und alle umfängt, die sich im Radiationsfeld unseres Astralkörpers befinden.

Durch die **Verbindung mit unserem Hohen Selbst** lernen wir, die Empfindungen in unserem Astralkörper als jene Antwort aus unserer Wesensmitte zu begreifen, die uns über den Zustand unseres inneren Menschen informiert. Die Beschaffenheit unseres Astralkörpers ist gleichzeitig das »Portrait« unseres Seelenmenschen. Mit den Mitteln der **Invokation** können wir lernen, Zugang zu diesen bisher verschlossenen und weitestgehend im Unbewussten angesiedelten Bereichen in uns zu finden.

ÜBUNG

WIR PORTRAITIEREN DEN SEELENMENSCHEN, DER IN UNS WOHNT

Die Formulierung der Anrufung – Invokation – ist von großer Wichtigkeit, da sie über den Erfolg der Invokation entscheidet. Hierzu empfiehlt sich das Aufschreiben des Invokationstextes, und dies aus zweierlei Gründen: Einerseits erhält der Kontext eine größere Klarheit, da man sich dem Anliegen analysierend nähert, um die beste Formulierung zu finden. Andererseits gewinnt man jenen Abstand, den man braucht, um nicht emotionell von den Dingen, »die man ruft«, überrannt zu werden, insbesondere dann, wenn es sich dabei um innewohnende Archetypen, wie bei unserer Übung, handelt.

Wir rufen nun alle Seelenanteile in uns an (Invokation), die an unserer Ganzheit beteiligt sind:

Wunsch-Mensch

Beziehungs-Mensch

spiritueller Mensch

inneres Kind

erwachsener Mensch

Anima / Animus

Gottesfunken / Liebeslicht

Hohes Selbst / göttliches Bewusstsein

Nun überprüfe deinen ASTRALKÖRPER (Emotionalkörper): Wie fühlt er sich an, ist er leicht oder schwer, mit Freude oder Zorn ge- oder erfüllt, ist er neutral?

Wie ergeht es nun deinem MENTALKÖRPER (Gedankenkörper)? Spüre, wie eng diese beiden miteinander kooperieren.

Übergib deine Gefühle und die Flut deiner Gedanken nun deinem Hohen Selbst mit der Bitte um Korrektur, wo nötig.

Was bedeutet der Satz »ich bin meines eigenen Glückes Schmied« für dich?
Spüre, wo deine Blockaden und Begrenzungen liegen, die dich hindern, das Glück als deinen naturgeborenen Zustand zu erfahren. Was erachtest du als das Ziel deines Lebens?

Gehe jetzt in den Zustand des Nicht-Denkens – lass alle Gedanken los, die jetzt über dich hereinbrechen mögen, und konzentriere dich dabei nur auf deinen Aus- und Ein-Atem.

Und nun konzentriere dich auf das astrale Vibrationsfeld um dich und in dir, das während dieser Übung entstanden ist. Vielleicht ist es dir nun möglich, dich selbst wie in einem Spiegel zu betrachten und dort deinen inwendigen Seelenmenschen zu sehen, der deinem Herzen besonders nahe ist.

Richte jetzt deine brennendsten Fragen an diesen deinen Seelenmenschen, an die vollkommene Person, die du bist. Spüre dabei, wie alle Antworten nun aus deiner Wesensmitte aufsteigen und dich über den ganzen Zustand deines »inneren Menschen« informieren.

Mache dich nun auf die Reise zu deinem wahren Selbst: In der Mitte deines Seins und Wesens befindet sich dein inneres Tempelheiligtum, der HEILIGE GRAL. Gehe nun dorthin – überwinde das »Wasser des Unbewussten« auf die dir von deiner inneren Führung gezeigte Weise. Nähere dich dem Schloss, der GRALSBURG. Dringe dort ein, gehe durch alle Räume, bis du an jenen Ort gelangst, der das Heiligtum in deinem Inneren bewahrt.
Überlasse dich nun ganz deinem inneren Bildner.

Nun kehre wieder in dein Normalbewusstsein zurück, und schreibe alles auf, was du in deiner Erinnerung bewahrt hast.

Die verschiedenen Körper des Menschen bilden sein Gewand.
Alle Menschen stehen »nackt« vor Gott, das heißt, dass alle Gemütsbewegungen und die Überlegungen des Herzens, alles, was durch den Verstand gewogen und erwogen wurde, also alle dem Menschen innewohnenden Seinserfahrungen, durch den Eingeweihten geläutert und verfeinert wurden. Alle niederen Körper wurden abgestreift, und was endlich vor Gott (be-) steht, ist der Mensch in seiner Ursprünglichkeit, der buddhische, göttliche Mensch, der **siebente Körper**, der sich Gott nun nähern darf, **der ihn als sein Ebenbild erkennt.**

Bis zu diesem Zeitpunkt bedarf der Mensch aller seiner Kleider, das heißt, aller seiner Körperhüllen. So bildet dieses Gewand die Gesamtheit der Möglichkeiten und Eigenschaften, die er als

177

Mensch besitzt – die er sich also zu eigen gemacht hat – und die seinen Typ und seine wahre Art zum Ausdruck bringen und sichtbar machen (das Priestergewand ist ein Symbol für die den Menschen umgebenden feinstofflichen Körperhüllen). Dieses Gewand ist äußerst kostbar; es wurde gewebt von all den Leben, die im Mikrokosmos je existierten. Somit zählt es Abermillionen von Jahren.

Wir wollen das Wesen eines solchen Gewandes noch ein wenig näher betrachten. Es gibt Menschen mit schillernden, prächtigen Gewändern und solche, die in alte Lumpen gehüllt sind. Es gibt welche, die man aufgrund des Gewandes, das sie tragen, sofort erkennen kann, mögen sie vielversprechend oder bedenklich sein. Und es gibt Menschen, die ein außerordentlich reich schimmerndes Gewand besitzen, für das persönlicher Magnetismus, der ihnen eignet, verantwortlich ist. Kraft ihrer karmischen Vergangenheit zeigt dieses Gewand an, dass sie mit vielen Kräften und Möglichkeiten gesegnet sind. Wenn diese in der richtigen Weise eingesetzt werden, sind sie ein Segen für die Menschheit. Aber sie können ebenso eine tödliche Gefahr darstellen, wenn sie in die Falle der Macht gelangen. Wenn der Mensch von seinem Ego regiert wird und das ICH BIN, das ihm von den Lippen perlt, nur dieses Ego meint, wird das Gewand immer nur das Ich (Ego) stärken, wird er sich also materiell bereichern auf Kosten anderer und sich überhaupt auf Kosten seiner Mitmenschen behaupten.

Der erste und dichteste Körper ist der PHYSISCHE KÖRPER. Er ist unser Bewusstseinsträger in der irdischen Welt und dieser angepasst. Er dient uns als Werkzeug und Ausdrucksmittel für das Hohe Selbst.

Unsere physische Hülle ist in andauernder Veränderung. Ihre Bestandteile, die Körperzellen, erneuern sich, verbrauchte Substanz wird abgestoßen und es liegt an uns, diese Erneuerung durch reine Nahrung in Gang zu halten und damit auch den physischen Körper so zu verfeinern, dass er empfänglicher und gesünder werden kann.

Welches ist nun jener Körper, der über den physischen Körper das wahre Gewand des Menschen zeigt? Der zweite, der ÄTHERKÖRPER ist gewebt aus allen Erfahrungen, die der Mensch im Laufe seiner Verkörperungen gesammelt hat. Er aber bleibt dem normalen menschlichen Auge, wie auch seiner verfeinerten Wahrnehmung, unsichtbar. Er ist unser **Lebensleib** und ist eng mit dem physischen Körper verknüpft. Er ist von feinerer Substanz und der Träger und Vermittler der Lebenskraft. Er trennt sich nicht vom physischen Körper und wird daher auch der »ätherische Doppelgänger« genannt. Er nimmt das Prana, die Lebenskraft, auf und überträgt sie der physischen Hülle. In ihm liegen alle Belastungen karmischer Art, und sie zeigen sich als Narben und Blockierungen, die das Leben ihm eingeprägt hat.

Der dritte Körper ist der ASTRAL- oder GEFÜHLS- (FÜHL-) KÖRPER. Wie der Name schon sagt, ist er mit der **Astralsphäre** verbunden, mit jenem ätherischen Gürtel, der über der physischen Welt liegt, nur durch einen dünnen Schleier von ihr getrennt. Viele vermögen diesen Schleier zu »durchschauen« und die Wesenheiten wahrzunehmen, die dort beheimatet sind. Jeder geht nach dem physischen Tod zuerst in diese Sphäre ein. Umso leichter ist es deshalb auch einzusehen, dass es **unsere Emotionen** sind, die **anziehen** oder **abstoßen**, was von dort Zugang zu unserer Wesensnatur sucht. Wie alles im Feinstoffbereich ist auch die Astralebene in verschiedene Dichtigkeitsstufen unterteilt, die sich aber nicht über- oder nebeneinander befinden, sie durchdringen sich. Was daher von unserem Mentalkörper angelockt wird, vermag sich über den Astralkörper mit der Astralebene zu verbinden.

Die Astralebene reicht weit in das Leben jedes einzelnen Menschen hinein. Man kann sogar sagen, er wird weitestgehend von dort »gesteuert«. Wer also sein Denken rein hält und seine Emotionen im Zaum, wird auch auf der physischen Ebene das anziehen und abstoßen, womit er im astralen Feld, gemäß seiner Wesensnatur, konfrontiert ist.

Der Astralkörper trägt unsere Gefühle und Begierden in sich, alles, was unserer niederen Natur angehört. Wir müssen ihn im Laufe unserer Entwicklung reinigen und veredeln und ihn dadurch empfänglich für die feineren Impulse unseres wahren Menschen und der Lichtwelt machen.

Je mehr wir die groben Substanzen ausscheiden, die durch Begierden und niedere Wünsche angesammelt werden, und ihn durch anspruchsvollere Ideen und Gefühle, durch die Entwicklung unserer Liebesfähigkeit, z. B. durch selbstlosen Dienst, verfeinern, ein umso besseres Instrument wird er für uns.

Er ist jener Körper, der die grobstoffliche Persönlichkeit des Menschen überragt und gleichzeitig durchdringt. Er ist verantwortlich dafür, dass alle niederen Feinstoffkörper dem physischen Körper »zuarbeiten«. Die Ströme des astralen Fluidums (also der uns umgebenden »astralen Positivwelt«) gelangen über die **Leber** in den physischen Körper, sie ist das Aufnahmeorgan hierfür. Es ist die Leber (wirklich verstanden im Sinne von Leben), die die Arbeit des Herzens koordiniert und die Funktionsweise des Kleinhirns über die astralen Ströme regelt. Das Kleinhirn wiederum ist für das Strömen des »Schlangenfeuers« verantwortlich, also der Shaktikraft, der Kundalini.

So wie der Ätherkörper den physischen Körper durchdringt, so durchdringt auch der Gefühlskörper diese beiden. Während des Schlafes tritt der Gefühlskörper mit unserem Bewusstsein aus dem physischen Gehäuse aus. Beim unentwickelten Menschen bleibt er über dem physischen Köper schweben, beim weiterentwickelten ist er wach und in den Astralwelten tätig. Wir bringen das Erlebte dann zum Teil als Traumvision mit, oder es kann auch als Wissen direkt in das äußere Bewusstsein einsickern.

Der höher entwickelte Mensch erlangt volle Herrschaft über ihn und geht mit ihm bewusst in die Astralwelten, um dort zu helfen und tätig zu werden. Sein Bewusstsein erleidet durch den Schlaf keine Unterbrechung.

Bei einem unentwickelten Menschen ist der Astralkörper unbestimmt in seinen Umrissen und meist dunkel und unschön in den Farben. Ein wohlgeformter Astralkörper in hellen, leuchtenden Farben ist das Kennzeichen eines Menschen, der bereits eine höhere Stufe der Entwicklung erreicht hat.

So wie die verschiedenen feinstofflichen Zustände, man sagt dazu auch Ebenen, aus verschiedenen Schwingungen bestehen, so sind ihnen unsere unsichtbaren Körper entsprechend angepasst. Jede der sieben Ebenen, denen unsere sieben Körper angehören, hat wieder sieben Stufen, die größere Schwingungsunterschiede aufweisen. Dies ist insbesondere bei der Mentalebene zu beachten, denn hier scheiden sich die höheren von den niederen Prinzipien. So benennt man die vier niederen Stufen der Mentalebene als die **Region der konkreten Gedanken** und die drei höheren Stufen als die **Ebene des abstrakten Denkens**, auch **Kausalebene** genannt. Eine andere Bezeichnung ist die der **niederen und höheren Mentalebene**. Die niedere umfasst die Gedanken, die um unsere materielle Welt kreisen, um unser Wohlergehen und das äußere Leben.

Dieser Ebene gehört unser vierter Körper, der MENTAL- oder DENKKÖRPER an, der stark mit dem Gefühlskörper verknüpft ist, denn in unserem gewöhnlichen Wachbewusstsein hängen Gedanken und Gefühle eng zusammen.

Der **Intellekt** gehört dieser vierten Unterstufe an und wirkt sozusagen als Filter für alle erhabenen **Ideen** und **Gedanken**, die uns aus den höheren Welten zukommen sollen. Da er bei den meisten Menschen noch nicht in Richtung auf das höhere Denken entwickelt ist, können all die großartigen und schönen Ideen, die der Menschheit dienen sollen, noch nicht aufgenommen werden.

Bei einem höher entwickelten Menschen dient der Intellekt infolge seiner feiner gewordenen Schwingung als Werkzeug für das Hohe Selbst, die Seele, und vibriert in starker Aktivität. Mit weiterem Wachstum wird er immer bestimmter organisiert und die Eigenschaften des Verstandes können sich klarer und reiner kundgeben. Er durchdringt die vorher genannten Körper und umgibt sie mit einer strahlenden Aura. Schöpferisches Denken prägt ihn weiter aus und macht ihn für niedere Gedankenschwingungen unempfänglich, besonders, wenn man selbst negative Gedanken abbaut.

Um den Stoff des Denkkörpers weiter zu veredeln und ihn für höhere Schwingungen aufnahmefähig zu machen, müssen wir dafür sorgen, dass die groben Schwingungen ausgeschieden werden. Gerade so, wie beim physischen Körper der Aufbau neuer Zellen und der Abbau verbrauchter ständig vor sich geht, so ändert sich die Struktur des Denkkörpers mit der Aufnahme anspruchsvollerer Ideen.

So wird er nach und nach empfänglich für alles, was aus der Lichtwelt kommt, und wir werden unabhängig von den eingefahrenen Denkgewohnheiten, die zum Teil national geprägt sind und mit dem Land zusammenhängen, in das wir hineingeboren sind. Daher kommen auch die tief verwurzelten Abneigungen, die manche Völker gegeneinander hegen. Die ganze Gedankenwelt der Nationen ist davon durchdrungen und beeinflusst jeden, der dort lebt. Man kann sich aus diesen Denkmustern nur herauslösen, wenn man sein Denken bewusst mit guten Ideen und Gedanken erfüllt.

Die drei höheren Prinzipien der Denkwelt, als Erste die KAU-SAL-EBENE (der fünfte Körper), enthalten nur reine Schwingungen. Hier hat Niederes keine Daseinsmöglichkeit mehr. Die Schwingungen sind zu hoch, als dass Ungutes eindringen könnte. Der Kausalkörper ist beim größten Teil der Menschheit noch unterentwickelt, solange sie sich vorwiegend mit dem »äußeren« Denken beschäftigt.

Er ist das »Lagerhaus«, in dem die Schätze des Menschen für alle Zeit gesammelt werden, und nimmt in dem Maße zu, wie der Mensch es mit aufbauenden Ideen erfüllt und sein Bewusstsein auf die Lichtwelt richtet. Kein reiner und großer Gedanke, keine erhabene Empfindung gehen jemals verloren, alle werden als Material für seinen Aufbau benutzt. Dieser Körper bleibt bestehen, wenn nach dem Tod der irdischen Hülle auch die vorher genannten niederen Körper nach und nach abgelegt werden. Er ist der unsterbliche Teil des Menschen, der erhalten bleibt und den die Seele in die nächste Verkörperung wieder mitbringt – der wahre Mensch, der sich bisher nur unvollkommen durch unsere noch ungeschulten Körper ausdrücken kann.

Unser Denken und Fühlen begrenzt ihn, deshalb ist es wichtig, unser Bewusstsein zu schulen, es weiter und aufnahmefähiger zu machen. Das geschieht, indem wir folgerichtig denken lernen, unsere Gedanken nicht wild durcheinander laufen lassen, sondern sie ordnen und lenken. Wir haben es in der Hand, was wir unseren Körpern »einverleiben« – das ist eine wichtige Schulung, die wir uns selbst auferlegen müssen, wenn wir empfänglich für höhere Schwingungen oder Belehrungen werden wollen.

Gerade so, wie der Handwerker keine gute Arbeit leisten kann, wenn seine Werkzeuge unbrauchbar sind, können wir mit unserem äußeren Bewusstsein, das abgestumpft ist durch die vielen Reize und Eindrücke unseres täglichen Lebens, die wir

ständig in uns einlassen, die Impulse der Lichtwelt nicht aufnehmen. Wir müssen unsere Werkzeuge, unseren Denkapparat,
wieder reinigen und klären, indem wir die Aufmerksamkeit von
Zeit zu Zeit von allen Äußerlichkeiten abziehen und auf die
Lichtkräfte richten, auf das, was wir inzwischen als wirklich
wichtig erkannt haben.

Das Ziel ist zu lernen, die Gedanken zu beherrschen, damit
wir denken können, was **wir** wollen. An oberster Stelle steht
die Reinigung und dann die bleibende Reinheit unserer Gedanken und Gefühle. Wir können uns zum richtigen, positi-
ven Denken erziehen. Alle großen Weisen, alle Erfolgslehrer
haben die Wichtigkeit der Gedankenkontrolle erkannt und gelehrt.

Alle Keime der guten und unguten Dinge aus den niederen
Körpern bleiben erhalten und ruhen, bis der Mensch in das
nächste Erdenleben eintritt. Dann werden sie wieder mit den
entsprechenden Substanzen der verschiedenen Ebenen um-
kleidet und die karmischen Wirkungen vergangener Ursachen
treten in das Leben des Menschen, um aufgelöst oder aufge-
arbeitet zu werden.

Der nächsthöhere Körper, der sechste, ist das CHRISTSELBST
oder der BUDDHISCHE KÖRPER. Er ist bei den meisten
Menschen noch unentwickelt und wird einmal, wenn er unsere niederen Formen ausfüllt oder überstrahlt, als sogenannter »Heiligenschein« – die Aura des Gott-Menschen – sichtbar
werden. Auf dieser hohen Ebene wird der Eintritt in die Einheit allen Lebens erreicht, sie stellt das Ende der Umdrehung
des Rades der Wiedergeburt (Samsara) dar.

Unsere höchste Autorität, das ICH BIN, der GÖTTLICHE
MENSCH, das ist der REINE LICHTKÖRPER, der siebte in
unserer Reihenfolge. Er ist die GOTT-GEGENWART, die die

von euch sogenannten Aufgestiegenen Meister verwirklicht haben, die höchste Schwingung, mit der wir einmal unsere irdische(n) Laufbahn(en) beenden werden.

Noch liegt eine Wegstrecke vor uns bis zu diesem hohen Ziel, doch mit Hilfe der Lehren, die wir von den Meistern erhalten, kann unsere Wanderung wesentlich beschleunigt werden, vorausgesetzt, wir setzen diese Lehren in wirkende Erfahrungen um.

DIE LUZ- ODER KUNDALINI-KRAFT

Wer den Trank der Unsterblichkeit, das »Soma«, den »Haoma« oder den Abendmahlswein getrunken, also die Zweiheit überwunden und die Einheit in Gott erkannt hat, kann den »Ort der Unsterblichkeit« nun in sich aufspüren, der in jedem Körper Wohnung hat. Und hier, an diesem Ort hört dann, nach der Initiation, die Macht des »Todesengels« auf. Es ist dies, um bei unserer letzten Übung zu bleiben, das Bewusstsein des siebten, des **Buddhi-Körpers.**

Dieser Ort liegt tatsächlich auch im physischen Körper, und zwar an der untersten Seite der Wirbelsäule, »*in einem Knochen, mit dem die Seele nach dem Tode bis zur Auferstehung verbunden bleibt*«, wie es die Kabbala lehrt. Und das besagt, um wieder bei unserer Darstellung zu bleiben, dass der Seelenkörper in den Buddhi-Körper integriert, ihm einverleibt werden muss.

Wie der Kern den Keim enthält und der Knochen das Mark, so enthält diese Stelle, die im Hebräischen »Luz« heißt (was so viel wie Mandel oder auch Kern bedeutet), die für die Wiederherstellung des Wesens notwendigen Wirkelemente. Denn der »Kern« ist das Innerste und Verborgenste im Menschen und ist »vollkommen eingeschlossen«. Dies lässt nun einen Vergleich zu mit der in der indischen Tradition als »Kundalini« bezeichneten Kraft, die eine Form von »Shakti«, der göttlichen Weltenmutter ist. Diese »Shakti« weist auch eine enge Verwandtschaft mit der »Shekina« (was heißt »die wirkliche Anwesenheit Gottes«, des weiblichen Gottesaspektes im Judentum) auf. Diese Kraft wird dem menschlichen Wesen als immanent betrachtet und im Bild einer in sich zusammengerollten Schlange im Bereich des feinstofflichen Organismus dargestellt, der genau diesem untersten Teil der Wirbelsäule, jenem Knochen, von dem die Kabbala berichtet, entspricht. Kundalini also bedeutet »eingerollt« in Form eines Ringes, einer Spirale oder Schlange. Diese »Einrollung« symbolisiert einen embryonalen, also noch nicht voll entwickelten Zustand. Durch bestimmte Übungen und in Zeiten besonderen spirituellen Wachstums »erwacht« die Schlange, entfaltet sich und erhebt sich durch die Chakren (Räder) und Kamalas (Lotosblüten), die den verschiedenen Nervengeflechten entsprechen, um schließlich in jenen Bereich zu gelangen, der dem »Dritten Auge« entspricht, also dem »Stirnauge Shivas«, in unserer Lesart dem **Gral**. Dieses Stadium stellt die **Wiederherstellung des Urzustandes** dar, in dem der Mensch den »**Sinn zur Ewigkeit**« wiederentdeckt und dadurch das erlangt, was wir die »wirkliche Unsterblichkeit« nennen wollen, trotzdem wir uns noch sehr im menschlichen Bereich befinden.

Diesen nun übersteigend erreicht die Kundalini schließlich die Krone des Kopfes, den tausendblättrigen Lotos, in der Kabbala genannt KETHER, das HÖCHSTE. Diese letzte Phase bezieht sich auf die tatsächliche Eroberung der höheren Seinszustände, auf die Verwirklichung der menschlichen BUDDHA-CHRISTUS-Natur, auf die »Entkleidung von den sechs Hüllen«.

Und so wird die Ausgeprägtheit unseres physischen Verlangens, all dessen, was wir erstreben, unser gesamtes Denken, Wollen und Handeln, immer in die Seinsnatur des Astralkörpers fließen.

Wer aber vor Gott hintritt, wurde vorher seiner ganzen karmischen Vergangenheit entledigt, das heißt, dass der Ätherleib und alle anderen niederen Körperhüllen abgestoßen – oder besser aufgelöst im Sinne von »er-löst« – wurden. Mag sich jeder nun selbst ein Bild von der menschlichen Entwicklung bis zur Szene dieser »Ent-Kleidung« machen.

Wir wollen mit folgender Übung eine Vorstellung hierfür entwickeln.

ÜBUNG

WIR VERANKERN UNS IN UNSERER WESENSMITTE UND GEHEN VON HIER AUS DURCH DIE EINZELNEN FEINSTOFFKÖRPER

Dabei achten wir sorgfältig auf alle Gefühle, die sich uns mitteilen. Wir richten unseren inneren Blick nun auf unsere »niederen Träger«:

Wir sehen zunächst unsere vier niederen Körper:

den PHYSISCHEN KÖRPER ... und verweilen spürend in ihm;

den ÄTHERKÖRPER ... und durchdringen ihn mit dem Bewusstsein der absoluten Erinnerung;

den ASTRALKÖRPER ... und achten auf unsere Gefühle;

den MENTALKÖRPER ... und ordnen nun unser Denken.

Die folgenden Körper bilden den höheren Menschen, sie sind der göttliche Teil in uns:

Wir begeben uns als Erstes in unseren KAUSALKÖRPER:

Er stellt unser kosmisches Gedächtnis dar und ist die Erhöhung des Ätherkörpers. Erst wenn dieser erlöst ist, haben wir Zugang zum Kausalkörper. Wir können ihn uns am besten als unser kosmisches Gehirn vorstellen, das im Wesentlichen die Tätigkeit unseres physischen Gehirns beeinflusst. Alle Impulse, die dieses in Bezug auf innere Aufrichtung erhält, kommen aus dem astralen Fluidum dieser feinstofflichen Hülle.

DER SEELENKÖRPER

ist unsere unsterbliche Seele. Sie trägt alle Anzeichen des Gott-Menschen an und in sich. Wir nehmen sie, wie den Äther- und

Kausalkörper, mit in jede neue Verkörperung. Sie ist der vollkommene Mensch, zu dem sich auch der niedere Mensch, der wir gemäß unserem verdunkelten Bewusstseinszustand während unserer Wanderungen durch die Inkarnationen sind, hinentwickeln muss. Dann werden im Wirkungskreis der Seele alle niederen astralen Schwingungen sowie das »kausale Gedächtnis« aufgelöst.

DER BUDDHISCHE KÖRPER

ist der wahrhaft göttliche Mensch, der die vier niederen Hüllen abgestreift und die drei höheren Körper assimiliert hat. Er allein ist gottgleich, von ihm heißt es: »nach Seinem Bilde schuf Er ihn!«

Wir gehen nun wieder zurück in unser Tagesbewusstsein.

DIE FEINSTOFFKÖRPER IN DER
INDISCHEN ÜBERLIEFERUNG

Nach der indischen Überlieferung besteht der feinstoffliche menschliche Körper aus Licht und »Prana«. Dieses Prana wird auch als »Astral-Licht« bezeichnet und besteht aus jener Substanz, aus der auch die gesamte Astralwelt besteht. In der geistigen Erweckung kann das Prana-Yama (spirituelle Disziplin) nun bewirken, dass der Gott-Sucher dieses astrale Licht in seinem »geistigen einfältigen Auge« zu schauen vermag. Es handelt sich hierbei um das »einfältige Auge der Intuition« und der Wahrnehmungskraft im Ajna-Chakra. Dies ist das dem Menschen einwohnende Christuszentrum, im Sanskrit »Kutastha-Zentrum des AUM« genannt. Ein der tiefen Meditation fähiger Schüler wird dieses Licht als einen Ring goldenen Lichtes wahrnehmen, der von einem opalblauen Licht umschlossen ist, in dessen Mittelpunkt sich ein fünfzackiger Stern, das Pentagramm, befindet.

Mit dem »geistigen Auge« betrachtet zeigen sich so die versinnbildlichten Formen und Farben der aufeinanderfolgenden Schwingungsebenen der ganzen Schöpfung in ihrer Erscheinung – als SHAKTI oder SHEKINA oder HEILIGER GEIST, als SHIVA, der SOHN oder die GÖTTLICHE INTELLIGENZ oder das CHRISTUSBEWUSSTSEIN, als SCHWINGUNGSLOSER GEIST jenseits aller Schöpfung, BRAHMAN oder AIN SOPH oder GOTT-VATER.

Dieses erwähnte »geistige Auge« ist jenes Tor, das den Schüler zu den höchsten göttlichen Bewusstseinsebenen führt. Und nur in der Meditation, wenn das Bewusstsein dieses geistige Auge durchdringt und so in die dort versinnbildlichten Bereiche einzudringen vermag, können die Stadien des Überbewusstseins, die ewig neue Freude seelischer Verwirklichung und die **Einheit mit Gott als OM** erfahren werden. Darum ist dies auch dessen Sitz.
Im Lukas-Evangelium lesen wir die Jesus-Worte: »*Wenn nun dein Auge einfältig ist, so ist dein ganzer Leib licht. So schaue darauf, dass nicht das Licht in dir Finsternis sei.*«

Dieses **Christusbewusstsein** bedeutet also die **Einheit mit der universalen göttlichen Intelligenz in der ganzen Schöpfung.** Es ist dies das von Gott ausgehende Bewusstsein, das der ganzen Schöpfung innewohnt. Im christlichen Sprachgebrauch als der »eingeborene Sohn« bezeichnet, bezieht es sich dort immer nur auf Jesus. Es handelt sich aber um die **gesamte Widerspiegelung Gottvaters in seiner Schöpfung.** Jesus aber besaß dieses allumfassende Bewusstsein.

Wird die Schöpfung durch den Geist, die Intelligenz, ins Leben gerufen, äußert sie sich in der »Trimurti«, der Dreieinigkeit: VATER, SOHN und HEILIGER GEIST = SAT, TAT, OM. Der **Vater** ist der **Schöpfer-Gott** jenseits aller Erscheinungen, der **Sohn** seine **allgegenwärtige Intelligenz** innerhalb der Schöpfung, der **Heilige Geist** ist die **Schwingungskraft Gottes,** die »vergegenständlicht«, das heißt, **die Schöpfung bewirkt.** Erst das **kosmische Bewusstsein,** dem Christusbewusstsein übergeordnet, vermittelt das **Bewusstsein der Allgegenwart Gottes**, die sich sowohl jenseits als auch innerhalb der »vibrierenden Schöpfung« befindet.

Die kosmische Schwingung des OM ruft alle Schöpfung ins Leben, und dieses Leben wird aus den fünf Tattvas **Erde, Wasser, Feuer, Luft und Äther** gebildet. Es sind dies aufbauende, intelligente Kräfte, und ihre Seinsnatur ist Schwingung. Diese vier Elemente entsprechen auch der Vorstellung der Alchemisten. Das fünfte Element **Äther** wird dort als »Quintessenz« bezeichnet. Diese »quinta essentia« ist das **Bewusstsein,** das die Teile ordnet und in Harmonie zueinander bringt. Dies nun entspricht auf übertragener Ebene dem folgenden indischen Schema:

Ohne das Element ERDE gäbe es keine feste Materie,
ohne das Element WASSER gäbe es nichts Flüssiges,
ohne das Element LUFT gäbe es keine Gase,
ohne das Element FEUER gäbe es keine Wärme,
ohne das Element ÄTHER keinen »Hintergrund«, auf den die »kosmischen Filmbilder« projiziert werden.

Das Prana fließt als kosmische Energie durch das Sonnenzentrum (in unserem Verständnis als TELESMA-LICHT) in den Körper, durch das »verlängerte Mark« = AJNA-Zentrum in den ganzen übrigen Körper und teilt sich dort durch die vermittelnde Funktion der »niederen Chakren« in weitere fünf elementare Ströme auf:

Steißbein	=	Erde
Kreuzbein	=	Wasser
Lenden	=	Feuer
Rücken	=	Luft
Nackenzentrum	=	Äther

195

Wir wissen nun, dass der physische Körper von mehreren Hüllen umgeben ist. In den verschiedenen »Schulen« finden sich hierzu unterschiedliche Auffassungen und/oder Darstellungen.
Der indische Yoga lehrt eine Form, nach welcher die Seele von drei Hüllen umgeben wird:

Die erste ist der KAUSALKÖRPER,
die zweite der ASTRALKÖRPER,
die dritte ist der PHYSISCHE KÖRPER.

Der ASTRALKÖRPER besteht aus insgesamt 19 Elementen:
aus dem Ich-Bewusstsein (1),
der Intelligenz (2),
dem Verstand mit dem Sinnesbewusstsein (3)
und dem Gefühl (4);

ferner den 5 Instrumenten des Wissens, das sind die Kräfte der Sinneswahrnehmung in den Körperorganen,
die das Sehen (5),
Hören (6),
Riechen (7),
Schmecken (8)
und Tasten (9)
steuern;

den 5 Instrumenten des Handelns, das sind die ausführenden Kräfte, die die fünf Körperfunktionen regeln:
Sprache (10),
physische Fortbewegung (11)
und Fertigkeit der Hände und Finger (12),
Ausscheidung (13)
und Fortpflanzung (14);

und den 5 Werkzeugen der allgemeinen Lebenskraft,

welche die Aufgaben

des Blutkreislaufs (15),

des Metabolismus' (Veränderung – 16),

der Assimilation (Angleichung – 17),

Kristallisation (allmähliche Entstehung – 18)

und Elimination (Entfernung – 19)

ausführen.

Die Seele des Menschen ist in den KAUSALKÖRPER eingeschlossen. Er wird als **Ideen-Matrize** für den astralen und physischen Körper bezeichnet, was seine wahre Funktion verdeutlicht. Er setzt sich aus insgesamt fünfzehn Ideen zusammen, die analog den neunzehn oben aufgeführten Elementen des Astralkörpers und den sechzehn grundlegenden Elementen des physischen Körpers entsprechen.

Hinter der physischen Welt, also jener der Atome, Protonen und Elektronen, und der feinstofflichen Astralwelt, die aus Licht und Lebensenergie, sogenannten Biotronen (Prana) besteht, befindet sich die Kausal- oder Ideenwelt, die Ideotronen.

Wenn der Mensch sich einst so weit entwickelt hat, dass er die irdischen und astralen Universen hinter sich lassen kann, wird er das kausale Universum erreichen. Der Hinduismus lehrt: »*Im Bewusstsein der Kausalwesen besteht die Essenz der physischen und der astralen Universen nur noch aus Gedanken.*« Alles, was ein irdischer Mensch vermittels seiner Phantasie vermag, kann ein Kausalwesen in der Wirklichkeit. Die einzige Einschränkung bilden hierbei die Gedanken selbst. Aber einmal wirft der Mensch auch diese Hülle ab und vereinigt sich mit dem allgegenwärtigen Geist, der jenseits aller Schwingungsebenen besteht.

Wir können also erkennen, dass sich in der Darstellung der letzten Wirklichkeit alle kulturbedingten Unterschiede auflösen. Das Ziel, die Selbstverwirklichung des Menschen, kann immer nur als eines erkannt und benannt werden.

DIE SIEBEN STRAHLEN DES GEISTES
UND DIE »HEILIGE SIEBEN«

Wir wollen uns nun der heiligen Zahl 7 zuwenden, die in jeder Einweihungslehre eine große Rolle spielt. Sie ist im christlichen Erbe, das die Rosenkreuzer bewahren, die heilige Zahl per se.

Aus bruchstückhaftem Wissen entstand in verschiedenen esoterischen Gruppierungen eine Vorstellung von sieben kosmischen Strahlen, durch die die universelle Weltbruderschaft oder die Weiße Loge, die Weiße Bruderschaft, ihr segensreiches Wirken in die Welt ergießt. Dies wollen wir jedoch nicht weiter betrachten. Es gibt auch innerhalb des Rosenkreuzertums (so z. B. beim Orden »Lectorium Rosicruzianum«, sowie bei »AMORC«) verschiedene Richtungen, die von ähnlichen Voraussetzungen ausgehen, und von dort ist es in die später entstandenen Richtungen der New-Age-Bewegungen, der I-AM-Gruppen usw. eingeflossen. Was aber verbirgt sich wirklich hinter dieser heiligen Zahl? In allen Religionen wird die Zahl 7 als heilig verehrt. **Die sieben Strahlen des Geistes symbolisieren die göttliche Vollkommenheit** und sind nichts anderes als das Radiationsfeld (Strahlungsfeld) des göttlichen Geistes, das über die verschiedenen Stufen der Manifestationen, in der Kabbala bezeichnet als das »Herabströmen der Macht«, bis in die irdische Ebene reicht.

Jede Stufe dieser Manifestationen wird durch eine der sieben Spektralfarben ausgedrückt. Jeder Farbe eigen ist ein bestimmtes Schwingungsfeld, das sich übergeordnet in der jeweiligen Manifestationsebene findet.

Die Kabbala mit ihren zehn Sephiroth (das sind jeweils verschiedene Ausdrucksformen ein und derselben Kraft) kennt dazwischen noch Nichtfarben, wie das Grau, also solche, die aus Verbindungen mit anderen Farben entstehen. Diese zehn Sephiroth gliedern sich in drei »hohe«, die die Welt des Göttlichen umschließen, und in sieben »niedere«, die den Aufstieg des Menschen in die drei »oberen« zum Inhalt haben. Wir begegnen also auch hier der heiligen 7 im Entwicklungsgefüge des Menschen.

Nun ist es durchaus nicht so, dass die Weltbruderschaft auf allen diesen sieben Ebenen beheimatet ist. Sie befindet sich dort, was die Kabbala die Ebene JETZIRAH nennt, jenen astralen Gürtel in hoher Schwingungsfrequenz, der die niedere durchdringt und somit auch diese niedere astrale Welt bei ihrer Höherentwicklung unterstützt. Das einzige Licht, aus dem die sieben Spektralfarben hervorgehen, ist das **reine weiße Christuslicht**, das alleine der wirklichen Weltbruderschaft, den Helfern, Heiligen und Engeln der Ebene Jetzirah für ihre Tätigkeit zur Verfügung steht.

Die Qualität der Spektralfarben der sieben Manifestationsebenen hat nichts mit jener des weißen Christuslichts gemein, sondern ist nur Ausdruck der schon beschriebenen Schwingungsfrequenz. Diese Schwingung erzeugt ein Radiationsfeld, dem bestimmte Kräfte entspringen, und diese kann man als die Qualität der jeweiligen Farbe bezeichnen. Jeder, der sich mit Farben und ihrer Wirkweise beschäftigt, wird automatisch in dieses Radiationsfeld gezogen und gemäß seiner eigenen Wesensnatur wird er von der jeweiligen Qualität angezogen oder abgestoßen. So wie aber alles, was der Mensch in stiller Andacht und mit der Liebe zu Gott im Herzen über Gebet und Invokation bewirken will, von jenen Wirkkräften, mit denen er sich verbindet (oder, falls sie nur allegorisch existieren, von jenem göttlichen Kraftfeld, in dem die Allegorie beheimatet ist), beantwortet wird, so werden auch die astralen Wirkkräfte des göttlichen »Siebenfeldes« (die sich in den Farben Violett, Rubinrot oder Grün und in jenen anderen verbergen, die den sieben Strahlen zugeschrieben werden) in der entsprechenden Weise sich dem Menschen, der reinen Herzens ist, zuwenden.

Nur dann spielt es keine Rolle, ob er das ICH BIN als den Ausdruck des Allerhöchsten gebraucht. Wenn seine Absicht rein und nicht von den niederen Instinkten des Egos diktiert ist, wird auch diese Anmaßung, was meint, sich die Wesensnatur des All-Einen, der sich definiert als EHEYE – ICH BIN DER ICH BIN, zu eigen zu machen, nicht abgewiesen. Zumeist versteht der Mensch jedoch nicht, mit welcher Kraft er sich verbindet, wenn er »ICH BIN« ausspricht. Es ist die eben erwähnte Kraft des Allerhöchsten, der in der Kabbala in der höchsten, der zehnten Sephira beheimatet ist: EHEYE ASHER EHEYE – ICH BIN DER ICH BIN. Welchen Weg muss ein Mensch zurücklegen, um einmal in diese Erkenntnis gelangen zu können?

Jesus durfte von sich sagen »ICH BIN DER WEG, DIE WAHRHEIT UND DAS LEBEN«. Sagt ein Mensch z. B. »Ich bin die violette Flamme«, dann verbindet er sich mit einer bestimmten Radiationsebene des göttlichen Siebenfeldes, man könnte sagen mit der Ebene JESOD der Kabbala, die sich über diese Farbe definiert. Da macht es Sinn, sich mit der Kabbala näher zu befassen, um das wahre Wirken des Göttlichen immer besser verstehen zu lernen. Letztlich aber ist natürlich auch die Kabbala nur eine jener »Krücken«, die uns dabei helfen, das, was wir GOTT nennen, überhaupt im Ansatz zu begreifen.

Wenn wir unser TELESMA-Gebet sprechen, verbinden wir uns in besonderer Weise (in alleiniger Ausrichtung auf das Christuslicht) mit dem göttlichen Prinzip und sind dabei von dem Wunsch durchdrungen, mit ihm eins zu werden, in seine Wesensnatur einzugehen und in der Anerkennung unserer göttlichen Vollkommenheit uns schließlich mit dem Christuslicht zu identifizieren.

TELESMA-GEBET
– mit einer Übung

Wir wollen nun das TELESMA-GEBET in diesem Sinne lautmalend erst in uns bewegen und dann »nach außen« sprechen, es »ver-äußern«, und dabei versuchen, in seinen Inhalt einzudringen. Bis wir verstehen, dass das **Anerkennen** nichts anderes bedeutet als das **Sichidentifizieren** mit der einen Kraft, die den Kosmos durchdringt und als Prana, als Lebenskraft ohnedies ununterbrochen in uns wirksam ist.

Durch das bisherige Ignorieren seiner Kraft aber haben wir uns nicht bewusst mit ihm verbunden und es nur auf der Oberfläche erfahren. Jetzt aber wollen wir es als unsere Lebenskraft erfahren, die in allem Leben gleichermaßen wirkt.

ICH BIN DAS REINE CHRISTUSLICHT.
CHRISTUS IN MIR IST VOLLKOMMENHEIT,
WIE DER VATER VOLLKOMMEN IST.

ICH ANERKENNE NUR DIESE VOLLKOMMEN-
HEIT UND SEHE NUR VOLLKOMMENHEIT.

ICH BIN CHRISTUS, DIE HEILENDE KRAFT
TELESMA, DIE KRAFT HINTER DER KRAFT,
DIE ALLE KRÄFTE BEWEGT.

ICH RICHTE MEIN DENKEN AUF DAS HÖCHSTE
IN MIR, DAS WEISSE CHRISTUSLICHT,
DAS NUN DURCH MEINE HÄNDE, AUS MEINEN
HÄNDEN STRÖMT UND ALLE BLOCKADEN
LÖST, DIE MICH HINDERTEN,
DIE GÖTTLICHE VOLLKOMMENHEIT ZU LEBEN.

ICH BIN VOLLKOMMEN,
WIE DER VATER VOLLKOMMEN IST,
UND ANERKENNE NUR DIESE
VOLLKOMMENHEIT.
DIESE ANERKENNUNG IST (WIE)*
EIN BEFEHL AN DAS LICHT,
DAMIT ES VOLLKOMMENHEIT ZEUGE.

ICH BIN FREI VON ALLEN
SCHATTEN (DER KRANKHEIT!)
ICH BIN LICHT!
DER LICHTE FUNKE
AUS DEM HERZEN MEINES
VOLLKOMMENEN SCHÖPFERS!

AMEN - OM

---

* Die in Klammern stehenden Wörter können alternativ je nach Bedarf weggelassen bzw. verwendet werden.

Wir atmen das pranische TELESMA-LICHT nun durch unseren Scheitel und spüren, wie es langsam einfließt und in unser Herz sinkt ...

... dort halten wir es fest und nehmen wahr, wie es langsam in alle Bereiche unseres Körpers strömt und heilend und lösend mit dem Ausatmen wieder ausfließt ...

PRANA IST DAS UNIVERSELLE PRINZIP
DER KRAFT UND DER ENERGIE.
ES DURCHDRINGT ALLES.
ES IST SOWOHL STATISCH ALS AUCH
DYNAMISCH. MAN FINDET ES IN ALLEN
WESEN, DEN HOHEN WIE DEN NIEDEREN.
ES IST PRANA,
DAS IN DEINEN AUGEN LEUCHTET,
PRANA IST DIE MELODIE DER MUSIK,
IST DAS WORT EINES LIEBENDEN,
ALLES WIRD AUS PRANA GEBOREN.
DAS FEUER BRENNT DURCH PRANA,
DER WIND BLÄST DURCH PRANA,
DENN PRANA IST KRAFT,
IST MAGNETISMUS, ELEKTRIZITÄT.

Dies kann natürlich nicht durch das mechanische Aufsagen des Gebetes erreicht werden, sondern ist, wie jede grundlegende Verwandlung der Persönlichkeit, nur durch unerschütterlichen Glauben und jahrelange Gebetspraxis zu erreichen.
Wenn unsere Absicht aber in dem Wunsch nach solcher Veränderung gründet, wird CHRISTUS, DAS DEM MENSCHEN ZUGENEIGTE ANTLITZ DES GÖTTLICHEN, immer mehr zu

unserer Wirklichkeit. Bis auch wir eines Tages sagen können »*Hebe dich hinweg, Satan* (Täuschung, Maya), *denn ich und der Vater sind eins!*« Diese »Täuschung«, was meint, unsere Annahme, dass diese Welt und nicht Gott unsere Wirklichkeit wären, nannte Jesus »Satan«. Und so können wir gleichzeitig erkennen, dass seither alle Bemühungen, diesen »Satan« zu überwinden, nur immer weiter in die Welt mit ihren arglistigen Täuschungen führten und dass die Kirchen nichts davon begriffen haben, was Jesus wirklich meinte, als er sagte »*In der Welt habt ihr Angst, doch seid getrost, ich habe die Angst überwunden!*« Dies führt uns wieder zum wesentlichen Kern seiner Aufforderung zur Nachfolge: »*Wer mir nachfolgt, wird das Leben haben in Ewigkeit!*« Dieses **ewige Leben** ist jenseits aller irdischen Erfahrungen. Es ist dann unsere Wirklichkeit, wenn wir den Zyklus von Werden und Vergehen überwunden haben. Dieser aber muss nicht ein äonenlanges Schicksal bleiben. Wenn wir nur lernen, die Tiefe unseres TE-LESMA-GEBETS zu erkennen, **es als unsere Wirklichkeit anzunehmen und zu leben,** werden auch wir diesen scheinbar ewigen Kreislauf durch **Gnaden-Rückwirkung** beenden können.

Wie schon erwähnt spielt in der Kabbala neben der 10 die 7 eine zentrale Rolle. Die zehn SEPHIROTH sind in ihren vielfältigen Anwendungsmöglichkeiten aufgegliedert in drei »obere«, also göttliche Attribute und in sieben »niedere«, die sich jeweils direkt auf den Menschen beziehen. So ist die Siebenheit in der Kabbala immer auf den Menschen und seine Entwicklungsmöglichkeit »nach oben«, in die göttliche Sphäre hinein, ausgerichtet.

In der »niederen«, also der menschlichen Sphäre finden sich die sieben Todsünden als Umkehrung des hohen Wirkprinzips der einzelnen Sephiroth. Die sieben Todsünden sind Zorn, Neid, Stolz, Trägheit, Lüsternheit, Gier und Völlerei (Gefräßigkeit).

Schließlich kennt die Kabbala noch den Begriff der sieben Himmel. Es handelt sich hierbei nicht um äußere Himmelsvorstellungen, wie in der kirchlichen Überlieferung, sondern um das **Hinabsteigen in das Wesen des Selbst**, was einem **Aufsteigen** (in der Kabbala »Aufstieg« genannt) durch die vier Welten des kabbalistischen Systems entspricht. Bei diesem Aufstieg kommt der Schüler durch sieben niedere und sieben höhere Hallen (manchmal auch Paläste genannt), und diese entsprechen jeweils sieben Bewusstseinsstadien, wie sie in jeder Initiation erfahren werden.

Im übertragenen Sinn bedeutet dieses Durchschreiten der kabbalistischen Welten, dieser Aufstieg in die Welt des Göttlichen, die Umkehrung der sieben Todsünden, also die Läuterung des Menschen in den ursprünglichen Zustand des ADAM KADMON.

Je höher ein Mensch steigt, desto intensiver werden die Erfahrungen. In der Geschichte des Henoch, der schließlich zu ME-TATRON, dem Erzengel der höchsten Sephira wurde, findet sich solch ein Erfahrungsprozess, an dessen Ende der Mensch in solche Ekstase versetzt wird, dass die Sprache keine Möglichkeit des Ausdrucks mehr erlaubt. Und so finden wir in der entsprechenden Textstelle im Alten Testament die Aussage »*Er schrie, als er das höchste Angesicht schaute! Und ward sofort in den siebenten Himmel erhoben ...*« Dieser siebente Himmel ist der Kabbala[*] zufolge also jener Ort, an dem die geläuterten Seelen in die Seligkeit der All-Liebe eingehen. Es ist dies der Ort, in dem die aufgestiegenen = transzendenten Stammväter Israels (Israel muss im biblischen Kontext immer analog verstanden werden für die Menschheit an sich) und die erhabene Heerschar der Erzengel und Engel wohnen, die die Welten unterhalb des »himmlischen Gerichts« (der Sephira Geburah) und der Barmherzigkeit Gottes (der Sephira Chesed) lenken und erhalten.

---

[*] Ausführliche Informationen zum Thema erhalten Sie in einem weiteren Buch von Myra: »Kabbala und Rosenkreuz – Saint Germains Vermächtnis«, Silberschnur Verlag, 2010.

Wenn wir uns näher mit dem initiatischen System der Kabbala befassen, wird uns bewusst, aus welcher Quelle heutige Zeitgeist-Esoteriker, vor allem die amerikanische I-AM-Bewegung und ihre Gründerväter, ihr Wissen bezogen. Das, was dem Kabbalisten nur durch eigenes, jahrzehntelanges Studium gewährt wird, wird dort von irgendwelchen himmlischen Wesenheiten, »Einwohnern« jener sieben Himmel der Kabbala, im Eilverfahren angeboten, ohne dass der Schüler über die entsprechende Eignung (= Wissen und Erfahrung) verfügen muss. Und so kann man erkennen, dass es sich bei all diesen »neuen Lehren« nur um primitive Nachschöpfungen uralter Weisheiten handelt, deren wahrer Kern sich nur dem wahrhaft Suchenden öffnet, der bereit ist, den **Weg der sieben mal siebenfachen Verwandlung** zu gehen.

Die Rosenkreuzer beziehen ihre Kenntnis um die heilige Zahl 7 auch aus ihrem »Manifest« der »Chymischen Hochzeit des Christian Rosenkreuz«. Der Held hat aus den Abenteuern, die er zu bestehen hat, in sieben Tagen jeweils sieben Lektionen zu lernen, sieben Lehrgänge zu durchleben, muss sieben Tugenden kennen lernen und sich sieben gute Eigenschaften erwerben, er wird mit sieben Gewichten gewogen, auch er muss also, wie der Kabbalist, eine sieben mal siebenfache Veränderung erfahren.

Die Alchemisten wissen, wie wir schon hörten, dass **Gold, das Sinnbild für den vollkommenen Menschen,** aus sieben Metallen zusammengesetzt ist, die durch eine bestimmte »Formel« miteinander verbunden sind. Wer diese Formel kennt, ist ohne Weiteres in der Lage, Gold herzustellen.

Dies alles besagt also im übertragenen Sinn, dass der Mensch den Siebenkreis bis zu seiner Vollendung durchdringen muss, um zu seiner wahren Gottesnatur zu finden.

So kann man sagen, dass das Gewand des Menschen, von dem wir sprachen, den sieben Strahlen entspricht, die er nach und nach zu durchdringen hat, genau wie der wahre Alchemist aus der Verschmelzung von sieben Metallen einen Klumpen Gold herzustellen vermag.

DIES IST DER WAHRE EINWEIHUNGSPROZESS
EINES MENSCHEN, DER PFAD, AN DESSEN ENDE
WIR UNS GOTT ÜBERGEBEN,
AUF DASS DER SIEBENFACHE STROM DER
GNADE UNS BERÜHREN KANN.
JENE GÖTTLICHE GNADE,
DIE WIR DURCH DIE SELBSTERLÖSUNG,
DURCH DAS GEHEN DES PFADES DER
SIEBENFACHEN LEKTIONEN UNS ERWORBEN
HABEN.
DANN STEHEN WIR AUF JENER BRÜCKE,
DIE UNS GLEICHZEITIG MIT DER ÄUSSEREN
WELT UND MIT JENER INNEREN,
NÄMLICH UNSEREM EIGENEN LEBENDIGEN
SEELENZUSTAND VERBINDET.
DANN HABEN WIR DEN SCHMELZUNGSVOR-
GANG VOLLENDET,
IN DEM UNSERE SIEBEN METALLE,
DIE NIEDEREN EIGENSCHAFTEN
UND UNSERE SIEBEN KÖRPER IM
ALCHEMISTISCHEN PROZESS
ZU LAUTEREM GOLD MUTIERTEN.
DANN STEHEN WIR AUF DEM
»SIEBENFACHEN PFAD DER ERHEBUNG«
– EINS MIT ALLEM!

Dann vermögen wir, schöpfend aus der Kraft des reinen weißen Christuslichtes, unserem Mitmenschen selbstlos zu dienen und die Kräfte, die diesem Licht innewohnen, heilend und Segen bringend anzuwenden. Diese Kraft, die Hermes, der dreimal Große, nennt: »*TELESMA, DER VATER ALLER WUNDER UND VOLLKOMMENHEIT IN DIESER UND DER ANDEREN WELT.*«

Im PENTAGRAMM schließlich erfahren wir, welche Wirkkraft Symbole enthalten. Es ist das Symbol der ERLÖSUNG DES NIEDEREN IN DEN AUFRECHT VOR GOTT STEHENDEN MENSCHEN. Es wird künftig unser Leben begleiten.

DAS PENTAGRAMM

Das Pentagramm als Symbol der Erlösung des niederen Menschen in den aufrecht vor Gott stehenden wird künftig unser Leben begleiten.

Der Weg zur Vollendung des PENTAGRAMMS und damit unserer eigenen Vollendung, führt

von rechts nach links – von der WEISHEIT
nach rechts unten – über die LIEBE
von rechts unten nach oben – zur WAHRHEIT
von oben nach links unten – über die GERECHTIGKEIT
von links unten zur Mitte – zur GÜTE
und trifft dort wieder auf die – WEISHEIT

DAS KREUZ WAR URSPRÜGLICH DAS SINNBILD
DER GRÖSSTEN FREUDE, DENN DER STANDORT
DES KREUZES IST DIE STÄTTE,
AN DER DER ERSTE MENSCH DIE ERDE EINST
BETRAT.
ES IST DAS MERKZEICHEN, WELCHES DAS
HERAUFDÄMMERN HIMMLISCHER ZEITEN
HIER AUF ERDEN SYMBOLISIERT.
WENN MAN ES ZURÜCKVERFOLGT,
WIRD MAN ES ALLMÄHLICH VOLLSTÄNDIG
VERSCHWINDEN SEHEN
UND AN SEINER STELLE EINEN MENSCHEN
IN ANDACHTSSTELLUNG WAHRNEHMEN,
DER NUN MIT AUSGEBREITETEN ARMEN
SEGNEND IM RAUME STEHT
UND SEINE GABEN DER MENSCHHEIT SPENDET,
FREI NACH ALLEN RICHTUNGEN.
ES IST CHRISTUS,
DER DIESE GESTALT ERFÜLLT,
SIE DRÜCKT SICH AUS IM SYMBOL
DES PENTAGRAMMS.

Das Pentagramm wird uns begleiten, bis wir an die nächste Stufe herangeführt werden, um Gott in seiner Vielfalt und Tiefe wiederum ganz neu zu erfahren. Stets werden wir getrieben von der Suche nach einer (noch) höheren Wirklichkeit. Dabei spielt es dann keine Rolle mehr, ob wir uns Druiden, Rosenkreuzer, Freimaurer, Gralsritter oder einfach Christen nennen. Der Weg unserer spirituellen Verwirklichung führt immer über jene allumfassende Alchemie, von der wir hörten und die unser Wesen in einem reinigenden und erneuernden Feuer läutert.

WIR HABEN EINWEIHUNG ERFAHREN

Wir haben Einweihung erfahren als ein jedes Individuum zutiefst berührendes Mittel der Wahrnehmung, denn sie gründet ausschließlich in der persönlichen Erfahrung. So wird es letztlich gleichgültig sein, welchen Weg wir wählen. So lange er aufrichtig verfolgt und gegangen wird, führt er uns immer zur Einheit zurück.

Die Vielfalt der Wege zeigt uns, dass sie in ihrer Struktur und in ihrem Inhalt **einheitlich** sind. Wir können sie lediglich als verschiedene Möglichkeiten betrachten, uns der **einen Wahrheit** zu nähern. Ihre Vielfalt beruht eben nicht auf unterschiedlichen Inhalten, vielmehr auf der Unterschiedlichkeit menschlicher Charaktere und Kulturen.

Jeder besitzt die innere Freiheit, seinen individuellen Weg zu wählen, aber er sollte am Anfang dieses Weges mit seinem Volk und mit seiner Rasse in Harmonie, in Einklang stehen. Unsere Heimat ist das Abendland, unsere Vorfahren sind die Kelten, und wir leben auf jenem Boden, der die Wiege dieser Rasse war. So sind wir die Erben dieser Vergangenheit, die uns, ob wir wollen oder nicht, geprägt hat. Wir sind die Erben einer Tradition und einer Zivilisation. Was wir dort vorfinden, ist das Ergebnis von Jahrhunderten, ja Jahrtausenden der Arbeit, des Nachdenkens durch das Volk, auf dessen Boden sie entstanden sind und das durch sie seine Eigenart geprägt hat.

Zwingen uns die hier gemachten Aussagen nun dazu, die ganze Weisheit der keltischen Druiden, der Rosenkreuzer, der Gralslegende oder gar der Bibel usw. zu studieren, um den Urgrund der eigenen Seins-Wirklichkeit aufspüren zu können? Es mag niemandem schaden, sich mit den eigenen Wurzeln auf diese Weise auseinanderzusetzen. Aber es ist nicht Bedingung, um das alte Wissen und die abendländischen Wurzeln in sich zu entdecken:

UNSERE WESENSWIRKLICHKEIT VERBIRGT SICH IN UNSERER IMMERWÄHRENDEN SUCHE NACH DEM LICHT.
UND DIESES LICHT WIRD IMMER VON DORT HERKOMMEN, WO SICH DER QUELLGRUND UNSERER KRAFT BEFINDET.
DIESER QUELLGRUND IST DAS KREUZ, DER KREIS, DER PUNKT UND DIE ROSE.

Die ROSE DER SEELE muss in den harten Prüfungen der Welt, in der jeder sein eigenes Kreuz trägt, zur Entfaltung gebracht werden. Die Rose wird stets das **wundersame Symbol der Reinheit und Anmut** bleiben. Aber sie ist, kaum erblüht, wenn sie ihr kostbares Geheimnis endlich preisgegeben hat, schon wieder am Punkt des nahen Verwelkens.

Das durch den erwähnten Schnittpunkt zwischen der horizontalen (= passiven, weiblichen, fruchtbaren) und der vertikalen (= aktiven, männlichen, befruchtenden) Linie gebildete KREUZ bedeutet einen schöpferischen Vorgang, der im Schnittpunkt selbst, da wo die Rose ersteht, offenbar wird. So erwächst die Rose aus der Befruchtung des an der Oberfläche ruhigen, horizontalen Wassers mit dem vertikalen Strahl göttlichen Lichtes. ROSE UND KREUZ ENTSTAMMEN DEM URGRUND DER ZEITEN. Und wie eine von zahllosen Wächtern weitergegebene Botschaft sich latent in jedem von uns befindet, hallen diese Worte in uns wider und lösen unsere Bereitschaft, dem Weg zu folgen, aus.

Kreuz und Rose finden sich in allen Kulturen, in der Kabbala ebenso wie im Hinduismus. In der Alchemie bezeichnet das Kreuz seit jeher die vier Elemente. Im Hinduismus wird es gebraucht als Sinnzeichen für die Schöpfung. Und wir begegnen der Rose dort auch bei Lakshmi, der Göttin der Liebe, des Wohlstandes und der Schöpfung. Das Symbol der Rose findet sich schon bei Zarathustra, und in Ägypten als Zeichen der Reinkarnation. Auch in späteren Zeiten galt die Rose immer als **Symbol für die Erleuchtung**, die ein Mensch zu erlangen hoffte. So darf es nicht wundern, dass auch die Rosenkreuzer sich dieser beiden Symbole bedienten.

Anders als das in seiner Grundgestaltung unveränderlich bleibende Kreuz kann die Rose durch verschiedene symbolische Darstellungen wiedergegeben werden, eine davon ist der Kreis. Die Verbindung von Kreuz und Rose entspricht also jener von Kreuz und Kreis, und das führt uns auch zum **keltischen Kreuz** – und immer gleichzeitig zu unserem wahren Erbe.

Dabei spielt es keine Rolle, ob wir uns dieses Wissen durch eigene Anstrengung neu erwerben, oder ob wir einfach den Weg nach innen gehen. Immer begegnen wir nur uns selbst als Erbe dessen, was unsere Vergangenheit in uns berührt. Und so ist auch dieser Kreis, den wir für unsere Betrachtung geöffnet hatten, wieder geschlossen.

DER KREIS SCHLIESST SICH

TELESMA, ROSE und KREUZ - alle sind Symbole für das Licht. Das uns bekannte Sonnenlicht wiederum ist nur Symbol des allumfassenden Lichtes, das den gesamten Kosmos erhält und in dessen Wirk- und Strahlungskreis sich sowohl die sichtbare wie auch die unsichtbare Schöpfung befindet. Auch hier schließt sich der Kreis unserer Betrachtungen.

AUSSERHALB DIESES LICHTES KANN NICHTS
GEDEIHEN.
DIE DUNKELHEIT IST NUR DIE SCHATTENSEITE
DES GÖTTLICHEN FEUERS.
OHNE LICHT KANN KEIN SCHATTEN EXISTIE-
REN, UND SO WIRD SICH AUCH DAS
DUNKELSTE DUNKEL EINES TAGES IN DER
LIEBE SCHATTENLOSEM LICHT AUFLÖSEN.

Es liegt in diesem Sinnbild viel Tröstliches, denn es spricht davon, dass das Licht weder richtet noch urteilt oder Bedingungen stellt - ES IST.

Nur durch das REINE SEIN wird alles durchdrungen, sei es dicht oder feinstofflich. Und wir haben erfahren: Die Finsternis, das sind unsere Schwächen und Schwierigkeiten, unsere Krankheiten, unsere Nöte, unsere Gott-Ferne.

ES LIEGT AN UNS, DAS LICHT ZU SUCHEN,
DENN - ES IST.
WIR MÜSSEN UNS NUR UMDREHEN,
UM AUS DER FINSTERNIS INS LICHT ZU
TRETEN, UM AUS DEM SCHATTENLAND ZU
GEHEN, DORTHIN, WOHER DAS LICHT KOMMT
- IMMER DER LICHTSPUR NACH.

Das Licht ist überall. Wir hörten es, GOTT IST LICHT! Es ist im Nächsten ebenso wie in dir selbst. Du kannst, aber du musst nicht große Reisen unternehmen zu fernen Stätten, von denen es heißt, sie seien besonders heilig.

HIER IM INNEREN IST DER HEILIGSTE ORT FÜR
DICH, DER TEMPEL MIT DEM HEILIGEN GRAL.
VON HIER VERZWEIGT SICH DIE LICHTSPUR
IN DEIN LEBEN.

Wir sind angekommen - jeder hoffentlich bei sich selbst.

ES KANN NICHTS GROSSES GEDEIHEN
OHNE DEN DANK. DANKBARKEIT IST DAS
WICHTIGSTE, WAS DER MENSCH GOTT
ENTGEGENZUBRINGEN HAT.

Bittgebete sind dann wirkungslos, wenn man sich nur in der Not an Gott und seine Helfer erinnert. Sie werden in solchem Fall abgewiesen. Noch nie aber ist ein Dankgebet abgewiesen worden. Lassen wir also das Bitten, und DANKEN wir stattdessen für alles, was wir erhielten und weiterhin erhalten, auch wenn es sich in unseren Augen oft um gar nichts besonders Dankenswertes handeln mag. ER, der UNBEWEGTE BEWEGER allein weiß, was der Mensch braucht. Warum also um etwas bitten, was jetzt vielleicht (noch) gar nicht zu uns gehört?

SO LASST UNS STATTDESSEN DANKEN
UND UNS VERNEIGEN VOR DEM
GROSSEN LICHT,
DAS IN UNS VERANKERT IST,
DAS UNSEREN LEBENSWEG ERHELLT
UND UNS DIE RICHTUNG WEIST!

EIN WORT ZUM SCHLUSS

Dieser Einweihungsweg, dem Sie bis hierher gefolgt sind, liebe Leserin, lieber Leser, erhebt nicht den Anspruch, der einzig mögliche zu sein, und sein Ziel ist auch nicht an einigen Wochenenden zu erreichen, ja, vielleicht reicht nicht einmal ein Leben. Aber er erscheint mir aus eigener Erfahrung ein für den westlichen modernen Menschen gangbarer Weg zu sein.

Ein weiterer »Reiseführer« ist die Kabbala, in die uns Saint Germain eingeführt hat. Es handelt sich um ein kosmisches Panorama, das über die jüdische und christliche Kabbala hinausreicht und das das Thema der nächsten Veröffentlichung sein wird.

Einweihungswege führen mit allen Höhen und Tiefen durch mehrere Inkarnationen und müssen sich in deren Alltag ausdrücken und bewähren; stolpern, wieder aufstehen und weitergehen inklusive.

Eine Freundin meinte, nachdem sie das Manuskript des vorliegenden Buches gelesen hatte, für ihren Geschmack würde das kleine, aber ihr streng erscheinende Wörtchen »muss« zu oft darin vorkommen. Ich glaube aber, dass gewisse Entwicklungsschritte gegangen werden müssen. Wenn man sie verweigert, wird man sie, wann auch immer, nachzuholen haben. Dies macht auch der Inhalt dieses Buches deutlich.

Spirituelle Selbstverwirklichung ist kein »Egotrip«. Welch besseren Dienst an uns selbst, an unseren Mitmenschen und für einen Frieden in unserer Welt, der den Namen auch verdient, könnte es denn geben? Saint Germain meint: *»Hätte ein Einweihungsweg einen Wert, wenn sich nicht das tägliche Leben in Bezug auf besseres Sein und besseres Handeln verändern müsste?«*

Eine geistige Lebensorientierung ist nicht etwas für ein paar Auserwählte, die eine besondere religiöse Begabung haben. Ausnahmslos jeder Mensch kommt im Laufe seiner Äonen dauernden Lebensreise zurück nach Hause – die, ob wir es glauben oder nicht, eine spirituelle Reise ist – an eine Wegkreuzung, wo er, müde und erschöpft von vielen Umwegen und Sackgassen, endlich einen »Kompass« in die Hand nimmt und den Weg zu seiner wahren Heimat sucht und findet. Diese hat er in Wirklichkeit nie verlassen, wie es Jesus so berührend in dem Buch »Ein Kurs in Wundern« erklärt.

Die großen Weltenlehrer, die sich nur durch reine Medien mitteilen (und natürlich auch die, die in einem Körper auf der Erde weilen), werden niemals den Eindruck erwecken, dass unser Weg ein Spaziergang ist, dessen Ziel man mit »weichgespülten« Halbwahrheiten und Wochenend-Erleuchtungs-Workshops erreichen könnte.

Die im Vorwort erwähnte, alle Existenz beschleunigende, kosmische Energie ermöglicht und bewirkt aber auch im persönlichen Leben ein erhöhtes Entwicklungstempo, wenn sich Menschen dafür öffnen. Viele erwachen in dieser Zeit zu ihrer wahren Bestimmung, denn wie wir hörten sind die Tore der geistigen Welt in allen Zeiten der Not weit geöffnet.

Es gibt Zeitgenossen, deren spirituelles Leben leicht erscheint, die Zugang haben zu den Ebenen hinter dem »Schleier«, der die physische von der feinstofflichen Welt trennt, und die eine besondere und anziehende Ausstrahlung besitzen, die keiner Worte bedarf. Dann darf man davon ausgehen, dass solche Menschen am Ende ihrer Erdinkarnationenkette angelangt sind und die Ernte eines äonenlangen Weges einfahren.

Saint Germain empfahl uns, und auch diese seine Worte gebe ich gerne an Sie weiter:

»IHR MÜSST NIEMANDEM VON GOTT
ERZÄHLEN,
ABER ER SOLL AUS JEDER EURER
POREN STRAHLEN.
IHR SOLLT NICHT VON LIEBE REDEN,
SONDERN SELBST LIEBE SEIN.«

Brigitte Hussak

ANHANG

Hier möchte ich Ihnen einige Texte von Saint Germain als Anregung zur Verfügung stellen, mit denen wir in unserem Lichtdienst und Heilungskreis arbeiten, den ich bereits im Einführungskapitel erwähnt habe.

Lichtdienst

Zunächst ein Gebet, das wir jedem Lichtdienst (der Erlösung verstorbener Menschen) voranstellen und das der Reinigung unserer feinstofflichen Körper dient:

GEBET ZUM LICHTDIENST
   GELIEBTE CHRISTUSFLAMME IN MIR,
   BITTE ENTZÜNDE MEIN HERZ,

   DAMIT ES ALS REINE FLAMME MEINEN
   PHYSISCHEN KÖRPER MIT DEM GNADENSTROM
   DEINER LIEBE REINIGE UND HEILE –

DAMIT ES MEINEN ÄTHERLEIB DURCHGLÜHE
UND ER REINER LICHTLEIB WERDE
FÜR IMMER –

DAMIT ES MEINEN ASTRALKÖRPER
VON FALSCHEN BINDUNGEN »ER-LÖSE«
UND DER FRIEDE GOTTES
AUCH MEINE GEFÜHLE BEFRIEDE –

DAMIT ES MEINEN MENTALKÖRPER
ZUR INNEREN RUHE FÜHRE
UND MEIN DENKEN UND SPRECHEN
IM EINKLANG STEHEN MIT DIR –

DAMIT MEINE CHAKREN ZU LICHTFENSTERN
WERDEN, VON DIR ERLEUCHTET,
UM MEINEM WEG RICHTUNG UND ZIEL
ZU WEISEN –

DAMIT MEINE AURA DEN VOLLKOMMENEN
MENSCHEN SPIEGELT, DER ICH BIN!

AMEN – OM

Unser Lichtdienst gilt nicht nur einzelnen Verstorbenen (und ihren Hinterbliebenen), sondern auch Menschengruppen (die z. B. in Kriegen oder bei Naturkatastrophen zu Tode gekommen sind) und ganzen Ländern und Völkern samt deren Politikern sowie den sogenannten »Opfern« und »Tätern«. Dass es oftmals schwierig ist, Emotionen zu vermeiden, mag verständlich sein.

Am 15.11.1997 half Saint Germain mit folgenden Worten:

Die Rose des Herzens – die Rose der Seele

*Ich habe euch noch etwas zu sagen. Wir konzentrieren uns bei diesem Lichtdienst jeweils auf das **Bild der Vollkommenheit**, das wir über dem betreffenden Land oder auch in der Hinwendung an einen verstorbenen Menschen visualisieren. Ich sehe, dass die meisten von euch dieses Bild noch nicht oder nur sehr schwer in sich auffinden oder über den vorgegebenen Zeitraum hinweg festhalten können.*

Wie können wir solch ein Bild der Vollkommenheit in uns entwickeln? Wir benutzten anfangs, ihr erinnert euch, als Visualisationshilfe das vollkommene Bild einer Blume, vorzugsweise einer ROSE, als Herzens-Mandala, als Ausdruck der göttlichen Vollkommenheit, die wir für unseren Lichtdienst ebenso wie für unsere Heilungsarbeit über Invokation und Gebet »beanspruchen«.

*Wenn wir uns nun in diesem Lichtdienst einem Land zuwenden, das von Krieg und Not »auf allen Ebenen« heimgesucht wird, spielen, ob wir wollen oder nicht, unsere Emotionen in unser Tun hinein. Gerade hierbei ist es eine wertvolle Hilfe, durch die **Konzentration auf den vollkommenen Ausdruck der Schöpfung Gottes** alles Belastende aus dem eigenen Denken auszuschließen und in der **Hinwendung an das Symbol der Vollkommenheit, die Rose im eigenen Herzen, die Rose der Seele** so auszudehnen, dass sie **alles dort** ein- und umschließt, ja, dass sie hinauswächst in die Regionen der Dunkelheit, des Hasses und der Not, aber unser Denken und Fühlen in solcher Einwärtswendung davon nicht berührt oder gar belastet wird.*

Lassen wir also die ROSE in uns aufblühen, und sie wird, ihre vollkommene Schönheit offenbarend, sich weit über unser Herz hinaus ausdehnen, endlos blühend über Zeit und Raum. Und ihr vollkommenes Bild wird verwandelnd hineinstrahlen in alle physischen und in die niederen astralen Bereiche, ebenso in die Ebenen jener Verstorbenen, denen wir uns zu ihrer Erlösung aus der Gebundenheit zuwenden.

Auch im normalen Alltag ist diese Visualisation bei tausend Gelegenheiten möglich, am Arbeitsplatz; im Gespräch mit Menschen; während wir die Nachrichten im Fernsehen verfolgen und wenn uns die Schreckensbilder von Erdbeben, Katastrophen und Unmenschlichkeiten aus den entlegensten oder nahen Gebieten der Erde erreichen, lassen wir einfach die HERZENS-ROSE in uns aufblühen, um sie dann mit liebender Hand zu pflücken und demjenigen zu überreichen, der es uns bisher, trotz unserer guten Vorsätze, unmöglich machte, die Fassung zu bewahren oder ihm angstfrei zu begegnen.

Hier nun eine Rede Saint Germains zur Neuorientierung unseres Lichtdienstes, aus der wir bis heute unseren Meditationstext gestalten. Er passte die Texte über die Jahre hinweg immer wieder unserem wachsenden Verständnis an.

Lichtdienst-Ansprache

Gemäß eurem gewachsenen und gewandelten Verständnis verändern sich Art und Inhalt der »äußeren Arbeit« immer wieder. Diese Lichtarbeit ist auch ein Entwicklungs- und Erfahrungsprozess für euch.

Wir setzen den Atem als wichtigstes Instrument bei dieser Arbeit ein. Dabei begeben wir uns an den heiligsten Ort in uns, der entsteht, wenn wir uns mit dem Göttlichen über unseren ATEM verbinden. Es gibt für uns keinen heiligeren Ort als diesen.

In diesen ORT DES REINEN LICHTES, DES LICHTES IN UNS, wollen wir durch unseren Atem eintreten, wir wollen uns an das WEISSE CHRISTUSLICHT anschließen, das wir durch unseren Scheitel aufnehmen und mit unserem eigenen Licht-Atem verbinden, um so zu einer weithin sichtbaren Flamme zu werden. Zum Licht geworden, einem Licht in der Finsternis, wollen wir einfach »das Werk« tun, ohne auf die Früchte solchen Tuns zu schauen.

Durch unser Dasein wollen wir alles heiligen, was der Heilung bedarf. Wir tun dies durch unser Dasein im rechten Augenblick, und der ist immer da, wenn wir uns dem Licht öffnen: ATEM IST LEBEN! Wo Leben ist, fließt Atem. Die gesamte Schöpfung lebt durch den Atem Gottes. Deshalb wollen wir weit mehr noch als bisher unseren Atem auch als Instrument einsetzen, auf dem unsere Seele schwingt und als reiner Klang hörbar werden kann. Jedes Musikstück besteht aus dem vollkommenen Atem des Interpreten und seines Instruments. Wenn auch wir unseren Atem einsetzen und auf dem Instrument unserer Seele spielen, werden unsere Gedanken zur Ruhe kommen, die uns bei allem Tun hinderlich sind, insbesondere dann, wenn wir versuchen, in die Stille zu gehen.

So wird die Konzentration auf den Atem und das Hineinspüren in das, was mit uns passiert, während der göttliche Atem uns (er)füllt, eine wichtige Voraussetzung sein für das gemeinsame Tun wie auch für den Dienst an jenen, die uns vorausgegangen und vielleicht noch in einem Teil der Dunkelheit gefangen sind, um ihnen das Licht zu bringen.

Bei unserem Lichtdienst sollten wir uns jeweils zu Beginn die Frage stellen: Was wollen wir heute bewirken, wohin und wem schicken wir den göttlichen Atem? Dann ist der Zeitrahmen wichtig, den wir für jede einzelne Aktion wählen. Dieser sollte so lange bemessen sein, wie der Atem braucht, um nach dem Einatmen als Licht *wieder hinauszugehen. So sollten mindestens drei und höchstens fünf Atemzüge sowohl für die physische als auch für die astrale Ebene der Kriegs- und Krisengebiete aufgeboten werden, damit dort tatsächlich etwas **bewirkt** werden kann. Wie und in welcher Weise dies geschieht, werden wir in die Hände der Helferkräfte legen, und wir müssen darüber hinaus die »Ansprechbarkeit« der jeweiligen Menschen/Seelenaspekte berücksichtigen. Dabei ist es wichtig, sich über den physischen Körper so auszudehnen, dass der **Astralkörper**, der sich im vollkommenen Schutz der Helferkräfte befindet, »Fühlung« mit der Astralebene aufzunehmen vermag, damit auch tatsächlich eine Rückkopplung stattfinden kann, eine Art Resonanz, die sich euch, mehr oder weniger intensiv, mitzuteilen vermag.*

*Auch das Bild der Vollkommenheit über das Symbol der Rose ist nach wie vor ein wichtiger Bestandteil dieses Dienstes, der euch diesen nicht nur erleichtern kann, sondern auch euer Herz mit Zuversicht und Hoffnung stärkt. Immer wieder sollte der **Akt der Vergebung** im Vordergrund stehen, der aber nur dann möglich sein kann, wenn ihr nicht auf das Grauen, die Not und die sie begleitenden Umstände schaut, sondern auf das Symbol der Vollkommenheit, die Rose. Indem man sich konsequent auf dieses Bild der Vollkommenheit konzentriert und es mit allen Sinnen »betrachtet«, wird man nicht berührt von all dem Negativen, weil die Rose als das Symbol der Reinheit, der Anmut und Vollkommenheit immer imstande ist, die Bilder des Grauens, der Angst und Wut im Augenblick aufzulösen (wir machen uns immer bewusst, dass auch die Seele des verdorbensten, brutalsten Mörders rein und ursprünglich ist). Es dient diese Visualisation also eurem Schutz und dient eurer Arbeit auch insofern, als ihr das, was Anliegen des jeweiligen Abends ist, nicht mit eurer eigenen Betroffenheit belastet.*

Auch für die Verstorbenen ist es unerlässlich, mindestens drei Atemzüge lang Licht aus dem Herzen in die jeweilige Ebene zu bringen und auch hierbei über den Astralkörper Fühlung aufzunehmen. Zudem mag es einleuchten, dass wir uns dem Einzelnen nicht nur zuwenden, sondern ihn auch bei seinem Namen rufen, was ja, wie ihr wisst, weit mehr als eine Symbolik darstellt. Da sich viele Verstorbene noch in Erdnähe befinden, identifizieren sie sich noch mit jenem Menschen, der diesen Namen trug. Nachdem sie angerufen und angesprochen wurden und sie das Liebeslicht der einzelnen Gruppenmitglieder erhalten haben, ist es unerlässlich, sie auf den Lichtkanal aufmerksam zu machen und auf die Helfer, die dort bereitstehen, um sie in Empfang zu nehmen und zum Licht zu geleiten (dies können ihnen vorangegangene Familienmitglieder oder aber auch die Schutzengel sein). Welchen Sinn sollte der visualisierte geöffnete Kanal aus der Mitte des reinen Lichtes sonst haben?

Nun atmen wir mit Bewusstheit in unser Sonnenzentrum (Solarplexus) und spüren nach, was dieser Atem in uns bewirkt, spüren dann (in) die Stelle in unserem Herzen, an der der Atem wieder »austritt«. Und so, wie wir selbst verwandelt werden im und durch den Atem, wird alles verwandelt vom Licht, was der Verwandlung bedarf – ganz besonders jene Menschen und Seelenaspekte, für die wir heute individuell bitten.
Und wir lassen dann das Licht, das wir einatmen, wieder austreten als reines Liebeslicht, als Akt unseres Daseins und unserer Liebe. Nirgendwo kann die Finsternis so groß sein, dass sie dieses Licht nicht erkennen würde. Und alle, die dem Licht dienen, werden dieses Werk stets mit ihrer Liebe begleiten.

Wir kehren ein in unser Innerstes und bleiben die ganze Zeit nah an unserem Atem und lauschen dabei der Melodie des Lebens in uns – und spüren die Verwandlung. Und alles, worum wir heute

231

*bitten, wird verwandelt vom Licht, so wie auch wir verwandelt
werden bei diesem Tun.*

*Wir sitzen entspannt und haben Kontakt zum Boden, der uns
trägt. Die Hände liegen mit geöffneten Handflächen auf unseren
Oberschenkeln, während wir nun das reine Licht aus jenem gesegneten Heiligtum atmen. Wir versuchen dabei, innerlich bis sieben zu zählen, damit wir uns auch bis zum Letzten mit Atem zu
füllen vermögen, halten dann eine Weile inne, um dem Atem die
Möglichkeit zu geben, uns so zu verwandeln, dass er durch unser
Herzzentrum als Liebeslicht wieder auszutreten vermag – und als
Dankgebet an die Welt.*
*(Nach einer kleinen Weile brauchen wir dann nicht mehr mitzu-
zählen, weil wir spüren, welche Menge an Atemluft wir aufnehmen müssen und wie lange sie braucht, um wieder als Licht
auszugehen in die Welt. Wir machen uns dabei bewusst, dass es
nicht ein bestimmtes Quantum an Luft ist, das wir atmen, sondern* **Prana** *– es ist das Licht, es ist die Energie des Kosmos',
es ist ein Teil des göttlichen Atems.*

*Da nur der Mensch dem Menschen vergeben kann, ist es nötig,
alle dunklen Zellen der Macht im Astralbereich, die verantwortlich sind für das Entstehen der Macht auf der Erde, auf »beiden
Seiten« mit unserem Herzenslicht zu durchglühen. Wir stellen
uns dabei in den Schutz des göttlichen Lichtes und seiner Helfer und sprechen dabei inwendig den Teil unseres* TELESMA-
*Gebets, der uns diesen Schutz gibt und vor dem alle dunklen
Reiche zurückweichen:*

ICH BIN DAS REINE CHRISTUSLICHT.
CHRISTUS IN MIR IST VOLLKOMMENHEIT,
WIE DER VATER VOLLKOMMEN IST!

Von dieser Vollkommenheit aus wollen wir dann unseren Atem, das Licht, in alle dunklen Bereiche der Macht lenken, zu all jenen, die in der Machtfalle noch immer gefangen sind. Wir halten dabei, mit Blick auf die ROSE DER SEELE, unser Denken rein und denken nicht nach über Dinge, die geschehen sind, die immer noch geschehen, und auch nicht, warum sie geschehen, sondern verströmen mit dem Atem unser Liebeslicht in jene Bereiche, die die »wahre Hölle« sind, die aber verwandelt werden können, wenn Menschen wie ihr ihr Licht dorthin lenken.

Und so dehnen wir über unseren Atem nun das Liebeslicht aus über alle diese Bereiche und wissen uns geschützt und geborgen vom LICHT DES LEBENDIGEN CHRISTUS in uns und um uns ...
Wir gehen noch tiefer und dehnen dieses Licht nun durch unser bewusstes Atmen aus und hüllen alle Opfer darin ein, alle missbrauchten Kinder, alle Menschen, die auf vielfältige Weise Opfer der dunklen Mächte wurden ...
Nun dehnen wir unser Liebeslicht über den Atem noch weiter aus und hüllen all jene ein, die gespeist werden aus diesen Ebenen, manche Politiker und alle Menschen, die Macht ausüben zum Schaden für Menschheit und Welt ...
Stets halten wir durch die Konzentration auf das Bild der Rose (die ja auch immer ein Symbol für die menschliche Seele ist) unser Denken fern von allen negativen Aspekten und bleiben dadurch konzentriert auf das Licht, das unseren Atem lenkt und all jene einhüllt, die seiner so dringend bedürfen.
Nun richten wir unsere inneren Augen auf jenen Lichtkanal – wie immer er sich uns darstellt –, der hinauf führt zum Herzen des Einen. Wir sehen die endlose Zahl derer, die heute den Weg zurück gefunden haben, auch wenn dieser Weg nur ein Stück weit (weg-) führt, weg aus jenen Bereichen, in denen sie gefangen waren, zu einer größeren Bewusstheit, die ihnen dazu verhilft, das Licht zu erkennen ...

Dann lassen wir mit unserem Atem unseren Dank hineinfließen in das Reich des Lichtes. Unser ganzer Körper wird nun licht, und das CHRISTUS-LICHT tritt überall aus, aus unseren Händen, aus unserem Herzen, aus unserem Scheitel ...

Wir lauschen noch einmal der (inneren) Musik und wollen selbst zu einem Instrument werden. Wir verneigen uns nun im Schweigen vor dem Licht und wollen uns dieses Schweigen bewahren.

Heilungskreis

Unserem Heilungskreis stellen wir auch ein Gebet voran, das uns Saint Germain gegeben hat:

GEBET ZUM KOSMISCHEN CHRISTUS
ICH BITTE DICH, ALLUMFASSENDES PRINZIP,
WEISSES LICHT DES KOSMISCHEN CHRISTUS,
LASS MICH EINTRETEN IN DIE WIRKLICHKEIT
DEINER KRAFT, DIE ALLE KRÄFTE IN SICH
VEREINT, DIE ALLES DURCHDRINGT,
SEI ES DICHT ODER FEINSTOFFLICH.

DU VATER ALLER WUNDER IN DIESER UND DER
ANDEREN WELT, REINIGE MEIN DENKEN VON
ALLEN NEGATIVEN MUSTERN, DAMIT ICH
DEINE SEGNENDE KRAFT IN MICH AUFNEHME
UND SIE MEIN LEBEN HEILIGT.

ICH STEHE VOR DIR IN DEMUT UND LIEBE.
VERBINDE MICH MIT DEM STROM DEINER
GNADE, DAMIT AUFGELÖST WERDEN KANN,

WAS SEIT ZEITALTERN IN MEINEM ÄTHERLEIB
GEBUNDEN IST.

LASS MICH DANACH STREBEN,
DICH ALS DAS EINZIG WIRKSAME PRINZIP ZU
ERKENNEN, DAS MEINEM LEBEN SINN GIBT
UND IHM DIE RICHTUNG WEIST.

DURCHDRINGE MICH NUN MIT DEINER
SEGENSREICHEN KRAFT, DAMIT ICH MICH
IMMER DARAN ERINNERE, DER SPUR DEINES
LICHTES ZU FOLGEN.

Saint Germain gestaltete anlässlich einer unserer Zusammen-
künfte am 9. Mai 1999 auch unseren Heilkreis neu. Die Kern-
aussagen dieser Ansprache verwenden wir bis heute.

Heilungskreis-Ansprache
– Unser Text für den Heilungskreis

Ihr alle seid hier mit einem Anliegen, nämlich mit dem Wunsch,
der Bitte um Heilung. Wenn wir auf dem eingeschlagenen Weg
gemeinsam weitergehen, werden wir nach und nach ein vertieftes
Verständnis und ein Bewusstsein dafür gewinnen, **was Heilung**
wirklich ist, was geheilt werden muss. *Und dies kann niemals*
die Heilung einer Krankheit sein, es ist **nicht die Heilung des**
Leibes.
Heilung ist etwas, was das Denken, besser: den **Gedanken der**
Trennung *wieder* **berichtigen** *muss. Wenn wir der Spur des »Kurs*
in Wundern« folgen, wissen wir, **Heilung ist immer die Berich-**
tigung.

Natürlich ist jemand, dem es schlecht geht, der Schmerzen erduldet, sei es körperlicher oder seelischer Art, von dem Wunsch beseelt, Befreiung davon zu erlangen. Ihr alle seid so weit auch psychologisch geschult, dass ihr wisst, dass zunächst sogenannte »seelische« Ursachen jede Art von Krankheit auslösen. **Aber es ist natürlich nicht die Seele, die krank ist, sondern die Psyche.** Und so wollen wir für immer die Trennung dieser Terminologie in uns vornehmen, wenngleich Trennung im eigentlichen Sinn nicht das ist, was uns hier zusammenführt, ganz im Gegenteil. Aber wir müssen in unserem Denken die Dinge zunächst voneinander unterscheiden lernen und wissen, **dass die Seele niemals krank werden kann, denn sie unterliegt – im Gegensatz zur Psyche – nicht der Trennung.**

Deshalb wollen wir uns nun auf unsere wahre Seelenqualität einstimmen, auf das, was vollkommen in uns ist, auf das **Bewusstsein des Göttlichen in uns, das seinen Sitz in unserem Herzen hat.** Um dorthin zu gelangen, müssen zunächst wieder unsere Gedanken gesammelt und zu innerer Ruhe gebracht werden ...

Wir wissen, dass dort, wo unser Bewusstsein im Augenblick ist, die Lebensenergie unmittelbar hinfließt. Wir stellen uns deshalb vor, dass wir nun einen Raum der Ruhe betreten, und jeder mag ein persönliches Bild entwickeln, wie dieser Raum im Inneren beschaffen ist. Es ist nicht der Raum einer frommen oder einer ganz außergewöhnlichen Stille, die nichts Direktes mit uns zu tun hätte; es ist vielmehr jener Raum, der so still ist, weil die Liebe in ihm grenzenlos ist und die Kraft, die Energie, ja, dieses Vermögen, die Liebe in uns auszudehnen, in absoluter Vollkommenheit in ihm ruht.

Und so betreten wir nun diesen Raum unserer inneren Liebesqualität durch unser Herz. Wir atmen hierzu behutsam und zärtlich in unseren Herzraum hinein und lassen alles vor der Tür, was wir an Belastendem mitbringen.

Natürlich werden sich zunächst die Gedanken überschlagen, wird das Ego sich melden, weil es mit hineingenommen werden will; aber wir hindern es daran und lassen nur das tiefe Schweigen, den Frieden in uns gewähren.

Wir nehmen, immer wieder »auf den Punkt« kommend, aufmerksam wahr: Wo sind wir nun mit unserem Denken, wohin leiten wir jetzt unsere Lebensenergie? Liegt es in unserem Vermögen, ja in unserer Kraft, diesen stillen Ort in uns jetzt so aufzusuchen, dass uns kein einziger Gedanke, der nicht hierhergehört, mehr stört? Wir bleiben ganz nah bei und in unserem innersten Wesen ...
Und so können wir jetzt von dem Wissen ausgehen, dass alle Kraft in uns liegt und dass es immer nur dieser kleinen Bereitschaft bedarf, unser Denken und unsere Ansichten über uns und über die Welt zu korrigieren ...

Jetzt beginnen wir, sanft den Atem in unser Sonnenzentrum (Solarplexus-Chakra) einfließen zu lassen und ihn dann einen Augenblick lang festzuhalten, während er liebevoll zum Herzen geht. Über das Herzzentrum fließt diese Liebe nun aus jenem Bewusstsein, dass wir nicht getrennt voneinander sind und dass wir eins sind mit dem Vater, und wir lassen diese Kraft nun all jenen zufließen, deren Namen wir vorbereitet haben. Und wir wissen, dass wir im Augenblick, da wir die Namen der Menschen hören (und ihnen über unseren Atem den Liebesimpuls zufließen lassen), in unserem Denken nicht das Bewusstsein ihrer Krankheit haben, sondern verankert bleiben in unserer SEELEN-CHRISTUS-KRAFT, so dass sie alle davon berührt werden können.

Wir atmen jetzt einige Male sanft auf diese Weise, um zu spüren, wie wir selbst in und durch diesen Atem angeschlossen sind an die Quelle (und, falls sie sich wieder einschleicht, die Idee sofort wieder loslassen, dass irgendetwas in uns und in den anderen sich nicht in der göttlichen Vollkommenheit befinden könnte). Wir identifizieren uns nicht mehr mit unserem äußeren Körper, sondern nur mit unserem Herzen, mit der Quelle in uns ...

Wir lesen nun all die Namen der »sogenannten Kranken« vor, und während wir sie in uns aufnehmen, sind wir gänzlich in dem Bewusstsein miteinander verbunden, **dass es keine Trennung gibt.**
HEILUNG IST DAS ERKENNEN DES CHRISTUS-BEWUSST-SEINS! **Und wenn dieser CHRISTUS die einigende Kraft ist zwischen allem, was lebt, so werden wir auch den letzten Rest jener Wahnidee, wir wären getrennt von Gott, in der auflösenden Erfahrung unseres Herzensatems aufgeben können.**

Vielleicht hast du dich jetzt beobachtet, wohin dein Denken geeilt ist, als der eine oder andere Name von Menschen, die du kennst und die dir nahestehen, genannt wurde. Das Denken geht sofort dorthin, wo man die Wurzel des Leides vermutet, es geht also unmittelbar hinein in das, was diesen Menschen leiden macht. Und in diesem Augenblick folgt unsere gesamte Lebensenergie automatisch der Spur des Denkens.
Das besagt also, dass das Vortragen von Namen Kranker der Gefahr des Hineingezogenwerdens in die krankmachenden Umstände die Tür öffnet, so dass man eventuell sogar das Gegenteil von dem erreicht, was man in liebender Absicht im Herzen trägt, weil wir nämlich mit unserem Denken, ob wir wollen oder nicht, die Krankheit bestätigen, anstatt sie zu negieren. Deshalb unterbreite ich euch den Vorschlag, von der Praxis der Namensnennung abzusehen.
Schreibt in Zukunft besser diese Namen auf ein Papier, das nicht chemisch behandelt ist, und verbrennt diesen Zettel dann in dem Bewusstsein, dass Feuer ein Symbol für die Auflösung ist, das die

Trennung nicht nur in euren Köpfen beseitigt, und dass es sich in der Summe um einen KOLLEKTIVKÖRPER handelt, den ihr auf diese Weise von dem Bewusstsein der Trennung befreit. Vielleicht reicht ihr euch während des Verbrennungsrituals die Hände, um auch eine äußere Verbundenheit zu spüren zu dem, was euch in eurem Inneren ohnehin eint.

So wollen wir unser Denken wieder auf den höchsten Punkt in uns lenken und es dort festhalten – und uns nun der Tatsache bewusst werden, dass das Gebet aus der jüdischen Tradition, das ihr früher gesprochen habt, »Vater, wenn es Dein Wille ist, dann möge Heilung geschehen«, Trennung anerkennt. Denn wie könnte Heilung da und dort vorzuenthalten der Wille des Vaters sein, wo er doch das Bewusstsein nicht mit uns teilt, dass auch nur eines seiner Kinder leidet? Denn das Leid gehört zur Welt und die Vollkommenheit zu Ihm!

Wir wollen nun unser Denken von all diesen Vorstellungen für jetzt und alle Zeit reinigen und unser gesamtes Denksystem davon befreien. Wenn wir uns an den SOHN, den CHRISTUS IN UNS wenden, können wir augenblicklich aus der Welt der Trennung in die Einheit gelangen.

Natürlich holt uns unser Denken immer wieder ein, aber wir haben das Instrument ATEM und die Kraft in uns, immer mehr in das Bewusstsein hineinzuwachsen, dass jede Art von Krankheit zu dieser Welt gehört und dass wir uns nicht mit ihr identifizieren dürfen. Für viele klingt das immer noch abstrakt. Weil man sich ja so heimisch, aber auch so bedroht fühlt in dieser Welt und weil die tägliche Realität eine so andere Sprache spricht. Aber ihr wisst genau, was letzten Endes mit dem Aufruf gemeint ist, die Gedanken, das falsche Bewusstsein der Trennung zu überwinden. Und so wollen wir uns auch künftig nicht mehr mit dem Einzelschicksal eines oder vieler Menschen in unserem Heilungsdienst auf jener Ebene, die die Gedanken uns weisen, befassen, sondern diesen KOLLEKTIVKÖRPER, von dem ich sprach, der FÜRBITTE DES CHRISTUS, der ihn von der Bindung an die Welt befreit, anvertrauen, indem wir uns zusammenschließen und ein Kraftfeld bilden, das keinem Gedanken, der die Krankheit als Realität bejaht, den Zutritt ermöglicht. Und solch eine Fürbitte ist etwas gänzlich anderes als das Gebet »Vater, wenn es Dein Wille ist, dann möge Heilung geschehen«.

So werden wir immer mehr hineinwachsen in das Bewusstsein, das wir uns so dringend erarbeiten wollen, dass CHRISTUS IN UNS und der VATER ALS GEIST IN UNS nicht voneinander getrennt sind. Solange wir noch immer denken, dass etwas Unvollkommenes außerhalb von uns existieren könnte, werden wir die Schmerzen erleiden müssen, die uns die Welt zufügt.

Deshalb wollen wir uns nun einhüllen in die »Liebe, die nicht von dieser Welt ist«, und wir sehen nun vor unserem inneren Auge die Welt als ein LICHTEI, das wir sorgsam in unseren Händen halten ...
... und während wir es umfassen, fließt aus unserem Herzen ein Strom der Liebe in dieses kostbare blau-goldene Ei ...

(Wir brauchen nicht mehr jene Orte und Gegenden benennen, die sich nicht in göttlicher Ordnung befinden, weil unser Denken auf diese Weise sofort wieder belastet würde mit dem Schmerz, der in uns ist, wenn wir an Krieg, Zerstörung und Leid denken.)

... Und während das CHRISTUSLICHT in dieses Ei fließt, sehen wir, wie es sich vor unserem inneren Auge verwandelt in einen leuchtenden Edelstein, der allmählich das ganze All ausfüllt – und die Grenzen des Alls zu sprengen vermag ...

*... Und wir wissen, dass diese **geistige**, wunderbare **Erde** unsere wahre Heimat ist, jener Ort in uns, den wir **Himmel** nennen.*

Wir nehmen alles, was zu uns gehört, jeden Menschen, die ganzen Umstände unseres Lebens, den Alltag jetzt mit hinein in dieses Bild, in diese Wahrnehmung der Vollkommenheit ...

... und dort, hinter den Grenzen unserer Wahrnehmung, sehen wir nun das LICHT, vollkommen und rein - und wir gehen auf dieses Licht zu - in sein Leuchten hinein, bis wir darin aufgehen und eins werden in ihm, mit ihm ...

... Wir lassen alle Gedanken, die uns noch immer die Trennung als unsere Realität bewusst zu machen versuchen, nun zur Gänze am äußersten Rand unseres Bewusstseins verschwinden ...

... Wir wollen eintauchen in dieses LICHTMEER DES GRENZEN-LOSEN ...

Wir nehmen die Welt, wie sie ist, mit uns, aber wir bewerten sie nicht mehr und bitten auch den VATER nicht mehr um Heilung, DENN IN DIESEM LICHT IST ALLES HEIL!
*Und wenn es nun dies ist, was wir begriffen haben, dass wir um nichts bitten müssen, weil alles in Fülle da ist und das, was wir wünschen, nur eine Projektion ist, die nichts mit der Wirklichkeit zu tun hat, besagt dies, dass **die Wirklichkeit des Vaters** zu erkennen das Ziel unserer gemeinsamen Reise war und ist.*
Wir haben die verschiedenen Stationen des Bewusstseins nun durchschritten und hinter uns gelassen, die trotz aller Anstrengungen noch durchdrungen waren von den Gedanken der Trennung und der Anerkennung, dass zwischen Gott und uns eine Kluft wäre, die wir durch unser Gebet, durch unsere Fürbitte und inbrünstiges Flehen zu beseitigen hofften. Aber wir mussten für

unser Bewusstsein, für die Möglichkeit unseres inneren Wachstums »Leitern« bauen, auf denen wir uns Stufe für Stufe nach »oben« bewegen konnten, immer mehr **der Erkenntnis folgend**.

Wir prüfen noch einmal, wo sich unser Denken im Augenblick wieder befindet, welcher Art von Energie wir wieder den Weg gewiesen haben (die sich, wie wir wissen, sofort dort manifestiert, wo unsere Aufmerksamkeit ruht). Und so können wir erkennen, dass und wie wir mit unserem Denken in der Tat unser ganzes Leben, seine Qualität und die »Abfolge der Bilder« gestalten.

Wenn auch der Weg noch lang zu sein scheint, so kann doch jeder von uns im Augenblick die Welt überwinden, so wie es das uns bekannte Jesus-Wort sagt: »In der Welt habt ihr Angst. Doch seid getrost, ich habe die Welt überwunden!« Diese Angst, die das Ego erzeugt, ist zugunsten des CHRISTUS, der unser Leben ist, zu überwinden!

Wenn ihr künftig die Namen all jener aufschreibt, für die ihr diesen Abend gestaltet, so lasst nicht zu, dass euer Denken oder einzelne unkontrollierte Gedanken sich wieder bei dem aufhalten, was ihre Leiden erzeugt, sondern **segnet sie**, und **seht sie im Licht** schon im Augenblick des Aufschreibens ihrer Namen. Ja, lasst nicht zu, dass nur der geringste Gedanke das Bild, das ihr in euch von ihnen tragt, verdunkelt! **Die Welt ist, so wie sie ist, das Produkt des Kollektivdenkens der Menschheit.** Macht ihr heute und künftig den Anfang, sie wieder in die Vollkommenheit zu führen!

Ich segne euch mit der Liebe und Kraft meines Herzens!
Saint Germain

AMEN – OM

Diese geistige Heil(ig)ungsarbeit sollte jedoch nicht »nur« anderen Menschen und »der Welt« gelten. Wie können wir denn wirklich helfen, wenn wir nicht auch und vor allem zuerst unsere eigene, in uns schlummernde Göttlichkeit zum Leben erweckten? Alles andere wäre das Ausleben eines Helfersyndroms, das uns nur sehr kurzzeitig angenehme, sentimentale Gefühle vermitteln würde. Die nachfolgende Übung von Saint Germain hilft Ihnen, Ihre eigene Göttlichkeit zu erwecken.

ÜBUNG:

SELBSTLIEBE IST SELBSTHEILUNG

Geh in dein Herz – hier in der Mitte deines Herzens leuchtet ein wunderbares Licht, ein tiefrot leuchtendes Licht, etwa in der Gegend des unteren Endes der linken Herzkammer. Wenn wir »von oben« hineinschauen, befindet es sich direkt in der Mitte unseres Herzens. Nimm dieses Leuchten, dieses Licht nun wahr. Es ist jene Stelle in deinem Herzen, an der deine Seele mit deinem Körper verbunden ist.

Wie ist die Seele beschaffen? Geh hinein in den Punkt dieser Verbundenheit mit dem EWIGEN, mit dem IMMER-SEIENDEN, und spüre, was es bedeutet, jetzt die Regionen des reinen Verstandes zu verlassen, jener Kraft in dir, die normalerweise die Funktion dessen, was wir Bewusstsein nennen, übernimmt: Gehe also hinein in jenen Bereich, der seine Kräfte aus einer anderen, »tieferen« Ebene bezieht. Und sieh, wie von deiner Seele aus ein Lichtband führt zum Herzen der ALL-LIEBE.

Durch dieses Lichtband, durch diese Verbindung fließt ununterbrochen das Fluidum des Göttlichen, das URLICHT in deine Seele – und über dieses Lichtband schickt deine Seele ihre Impulse zurück an die QUELLE. In diesem gesegneten Austausch befindest du dich ununterbrochen.

Dann spüre: ICH BIN DAS REINE CHRISTUSLICHT, CHRISTUS IN MIR IST VOLLKOMMENHEIT, WIE DER VATER VOLLKOMMEN IST! Spüre nun den Austausch der Kräfte.

Dein Köper ahnt normalerweise nichts von diesem wunderbaren Ereignis, das sich ununterbrochen in deinem Innersten abspielt, weil er der Welt zugehört, die einen Anbeginn und ein Ende hat. Er ist dem unterworfen, was die Endlichkeit hervorbringt. Oft vermag schon ein einziger falscher Gedanke, der nicht aus Gott kommt, in deinem Körper etwas auszulösen, was sich irgendwann einmal, wenn sich viele solcher Gedanken potenzieren, als Krankheit manifestieren kann.

So gehe nun mit deinem äußeren Bewusstsein an jene Stellen in deinen Körper, die schmerzhaft sind, die dir zeigen, was falsches Denken in der Summe auszulösen vermag, und lasse dann das Licht aus deinem Herzen, aus deiner Seelenkraft – gespeist aus der Quelle – direkt in diese Körperstelle fließen. Halte nicht das Bild einer Krankheit in dir fest, sondern nähre das Bewusstsein, dass diese Stelle nur Lehrmeister – und eigentlich vollkommen ist. Und je mehr du in den vollkommenen Menschen hineinwächst, der du eigentlich bist, kann sich auch dein Körper wieder in die Vollkommenheit »zurückentwickeln«.

So halte dieses Bild der Vollkommenheit nun in inniger Verbindung mit deinen Seelenkräften aufrecht, und spüre, wie die kranke Körperstelle genesen kann im Strom der ALL-LIEBE, die nicht getrennt ist von dir und die als Quelle deiner wahren Gesundheit immer in dir strömt.

Und wenn du auf diese Weise lernst, den Gnadenstrom deiner eigenen Vollkommenheit, der der göttlichen Vollkommenheit entspringt, als Heilstrom in deinem Körper einzusetzen, wird das, was das TELESMA-Gebet verheißt, mehr und mehr zu deiner Wirklichkeit! Eigentlich ist die Erfüllung dieser Verheißung seit jeher deine Wirklichkeit, doch muss sich dein Bewusstsein, das von den Zellen deines Gehirns und von deinen physischen Erfahrungen gespeist wird, mit dem allumfassenden Bewusstsein, das aus deiner Seelenkraft kommt, zusammenfügen, müssen diese beiden »Bewusstseinshälften« zusammenwachsen, so dass diese bisher getrennt gedachten Bereiche auch in deinem Denken eins werden und so der Schmerz, das Leiden auf immer vergehen.

Viele spirituelle Richtungen nennen dies Seelengewahrsein. Welch schönes Wort! Sich dieser Seelenkraft gewahr werden, ein Gewahrsein hierfür zu entwickeln – aber nicht mit der trennenden, wertenden Kraft des äußeren Bewusstseins, denn dieses bringt nichts als Zweifel mit sich, den Zweifel an der eigenen Göttlichkeit und den Zweifel an jenen Kräften, die der Seele innewohnen. Deshalb musst du lernen, auf das tiefere Bewusstsein zu lauschen. Es spricht mit sehr leiser Stimme.

Diese Stimme ist in dir nur dann zu erfahren, wenn du tief in jenen Punkt deines Herzens atmest, an dem deine Seele mit dir verbunden ist. Gehe über den Atem hinein in diese Verbindung – und durch die Verbindung –, die wie ein Tor ist, welches hineinführt in die Kraft, in die Herrlichkeit, in die Göttlichkeit unserer Seele.

Die Seele hat keinen Anteil an dem, was deine grobstoffliche Persönlichkeit erleidet und an Torheiten anrichtet. Dieser Teil wird davon nicht berührt. Daher kann man auch nicht von einer »seelischen Krankheit« sprechen; es ist das sogenannte »Seelische« immer nur eine Krankheit des Geistes, der Psyche. Die Seele ist von all diesen Dingen weit entfernt. Sie gibt die Kräfte, das Licht, die Energie aus der QUELLE in ununterbrochenem Rhythmus an dich weiter. Und wer lernt, wirkliches »Seelengewahrsein« in sich zu entwickeln, wird in diese Abläufe immer tiefer hineinwachsen und sie als etwas Wirkliches, als DAS WIRKLICH SEIENDE in sich erfahren.

So lasse jetzt den Atem in das Herzzentrum strömen, in jenen lichten Punkt, in dem die Seele mit dir verbunden ist, um die Kraft, das Licht nun über diesen Atem in die kranken Körperstellen zu leiten.

Wer diese Selbstheilungskräfte auf diese Weise in sich mobilisiert, kennt keinen Zweifel. Denn es ist immer nur der Zweifel, der all dein Tun behindert. Gib dem Zweifel keinen Raum mehr in dir. Hier kannst du in die Gewissheit gehen, dass DU EINS BIST MIT GOTT!

Du kannst keine Freude außerhalb von dir empfangen, wie dir auch niemand von außen Energien zuführen kann. In dem Moment du dich erhoben, vom Atem des Ewigen berührt fühlst, dein Bewusstsein sich weitet und einem tiefen Glücksgefühl Raum macht, wird dein Energiepotenzial nur deshalb angehoben, weil es Kraft aus dem Seelenlicht erhält, das in dir permanent wirksam ist. Wenn mehrere Menschen zusammen sind und jeder durch gemeinsames Üben und durch das Ausgerichtetsein auf das Höchste dieses Glücksgefühl erlebt, resultiert dies nicht aus einer »frei schwebenden« Energie im Raum, wenngleich natürlich auch die Energie in einem Raum dadurch gereinigt werden kann, sondern aus der inneren Öffnung, die die gleichgestimmten Menschen »soghaft« miteinander verbindet.

Jedes Erleuchtungserlebnis, nach dem sich alle Menschen so sehr sehnen und zu dem auch ein konsequent und diszipliniert gegangener Kundaliniweg führen kann, kommt niemals von außen, sondern erhält die Initialzündung von innen, aus der Kraft der Seele. Es ist dies der Moment, in dem der Mensch, zumeist nur für kurze Zeit, aus dem Traum erwacht.
Wer es schafft, das Bewusstsein, dass der Traum in Wirklichkeit längst zu Ende ist, dauerhaft festzuhalten, kann im Augenblick den Christus in sich verwirklichen, so wie der größte Lehrer dies beispielhaft vorgelebt hat.

So wollen wir zum Abschluss das Mantra

JESUS – OM – CHRISTUS – OM

weiter, tiefer als in den Bereich des Luz-Knochens, und von dort aus über die körperlichen Begrenzungen hinaus in unser wahres Bewusstsein tragen:

JESUS – OM – CHRISTUS – OM

so lange, bis das Bewusstsein in dir aufleuchtet:

ICH UND DER VATER SIND EINS!
MEINE SEELE IST IM VATER,
ER IST IN MIR!
JESUS – OM – CHRISTUS – OM

ICH UND DER VATER SIND EINS! – Sprich es in dir, dass sich seine Wirklichkeit nicht nur in deinem Kopf befindet, sondern hineinsinkt in die tiefste Tiefe deines Bewusstseins:

CHRISTUS IN MIR IST VOLLKOMMENHEIT,
WIE DER VATER VOLLKOMMEN IST,
DENN ICH TRAGE DEN VATER
ALS SEELENKRAFT, ALS LICHT IN MIR!

MEIN DANK

gehört vor allem meinem geliebten und verehrten Lehrer Saint Germain für die Einlösung seines Versprechens, seine Begleitung und seine Liebe sowie für das Vertrauen, das er mir entgegenbringt.

Dem Prosveta-Verlag danke ich für die Genehmigung, die Übersetzung der *Tabula Smaragdina* von Meister Omraam Mikhael Aivanhov verwenden zu dürfen, von der Saint Germain meinte, sie komme dem Original von allen Übersetzungen am nächsten. Saint Germain empfahl uns, uns mit Meister Aivanhovs Büchern (es handelt sich um Sammlungen seiner Ansprachen, die er für seine Schüler gehalten hat) zu beschäftigen, da dieser Meister, der 1986 starb, Teil der Weißen Bruderschaft und als solcher einer der Träger und Bewahrer des alten Wissens ist.

Brigitte Hussak

Über die Autorin

MYRA (geboren 1945 in Oberbayern, gestorben 2002) war mehr als sechs Jahre Saint Germains Medium, seine Schülerin und Teil einer Gruppe, für die das vorliegende Buch ursprünglich entstanden ist.

Brigitte Hussak (geboren 1944 in Österreich), Schülerin Saint Germains und Myras langjährige Wegbegleiterin, sammelte die Botschaften Saint Germains, um sie nun einer breiteren Öffentlichkeit zugänglich zu machen.

Weiterführende Informationen zu
Büchern, Autoren und den Aktivitäten
des Silberschnur Verlages erhalten Sie unter:
www.silberschnur.de

Natürlich können Sie uns auch gerne den
Antwort-Coupon aus dem beiliegenden
Lesezeichenflyer zusenden.

Ihr Interesse wird belohnt!

480 Seiten, Klappenbr.
ISBN 978-3-89845-334-9
€ [D] 19,90

Myra

Kabbala und Rosenkreuz
Saint Germains Vermächtnis

In diesem einmaligen Buch lädt Saint Germain den Leser ein, sein Energiefeld zu betreten: Er nimmt ihn mit auf den Weg zu Kabbala und Rosenkreuz, die alle Weisheit der Menschheitsgeschichte enthalten und es uns erlauben, das wahre Wissen der Eingeweihten wieder zu erwerben, wie z.B. der Weg zur Kabbala, der Lebensbaum, mit dem violetten Feuer arbeiten oder der Innere Orden vom Rosenkreuz.
Kabbala und Rosenkreuz durchdringen und ergänzen einander. Ein wichtiger Schritt zu einem neuen Verständnis der geistigen Welt – auf der Basis der »alten Ordnung«.

224 Seiten, Klappenbr.
ISBN 978-3-89845-372-1
€ [D] 16,95

Myra

Kundalini – Die Lebenskraft des göttlichen Feuers

Die jahrtausendealte Kundalini-Lehre bietet ein vielschichtiges und durchdachtes System der Persönlichkeitsentfaltung, was sie ungeheuer wertvoll macht. Ihr Ziel ist der harmonisierte, gelassene, angstfreie und weise Mensch. Saint Germain beschreibt in diesem Buch verschiedene Wege und Übungen, um sich der alten Lehre von der Kundalini-Energie zu nähern. Ist sie wieder in das Leben integriert, wird die Gesamtpersönlichkeit des Menschen geweckt, dank derer er in der Lage ist, die höheren Seinszustände zu erreichen und die Christus-Buddha-Natur in sich zu verwirklichen.
Mit praktischen Übungen für den Alltag.

384 Seiten, Klappenbroschur
ISBN 978-3-89845-409-4
€ [D] 18,95

Myra

Das geheime Wissen über die Welt und das Leben
Saint Germains Vermächtnis

Saint Germain spricht Klartext über neuzeitesoterische Weltanschauungen und teilt uns seine Weisheiten über vielfältige Themenbereiche mit. Er klärt uns sowohl über Sinn und Unsinn der Astrologie, über Channeling, über die Schöpfung, über Kabbala, über Christentum und sogar über Kornkreise, wie über Politiker und Politik sowie über Verschwörungstheorien auf. Saint Germain räumt recht eindrucksvoll mit vielen »neuzeitesoterischen« Meinungen auf und stößt Personen und Dinge von einem Sockel herab, auf dem sie seiner Meinung nach nicht stehen dürften.

176 Seiten, broschiert
ISBN 978-3-89845-357-8
€ [D] 6,95

Myra

Devas – Die Natur hinter der Natur
Saint Germains Vermächtnis

Im Hinhören und Wahrnehmen der Klänge der Natur können wir das wiederentdecken, was wir zur Harmonisierung brauchen. Dieses Buch führt Sie zu Ihrer inneren Stimme, die Sie stets zur richtigen Pflanze, zum richtigen Metall, zum richtigen Mineral – zu einer lichtvollen Alchemie der Heilung lenkt.

»Der Rhythmus eures Herzens bringt euch ganz automatisch wieder in Verbindung mit dem Rhythmus des Planeten. Spurt im Zyklus der Jahreszeiten die Interaktion mit eurem eigenen Lebenszyklus. Werdet zu einem Teil der Natur.« Saint Germain

Machen auch Sie sich mithilfe von Saint Germain die Heilkraft der Natur zunutze.

224 Seiten, broschiert
ISBN 978-3-89845-598-5
€ [D] 22,00

Daniel Meurois

Das große Buch der Akasha-Chronik
Der Zugang zum universellen Weltengedächtnis

Daniel Meurois beweist, dass er sich kraft seines Bewusstseins durch die Zeit bewegen kann. Er beschreibt, wie er Zugang zur Akasha-Chronik erlangt und durch welche Arten des Reisens er sich in der Zeit bewegt. Er erläutert die Anatomie der Akasha-Chronik und lässt uns teilhaben an seinen realen Erfahrungen aus den Tiefen der Zeit. Damit bietet er uns einen einmaligen Einblick in das universelle Weltengedächtnis, durch den wir entdecken, dass die metaphysische Erfahrung der Raum-Zeit-Dimension die Tür zum Göttlichen in uns selbst weit öffnet.

192 Seiten, broschiert
ISBN 978-3-89845-534-3
€ [D] 14,95

Marie Johanne Croteau-Meurois

Das Elfentor
Unsere Verbindung zur Anderswelt

Treten Sie ein in die Welt der Elfen voller Magie und Licht. Dieses Buch schildert wahre Begebenheiten des Lebens der Elfe Gwenedys, die beschließt, ihre Welt zu verlassen und fortan in der Welt der Menschen zu leben. Durch ihre Schilderungen erhalten wir faszinierende Details des Lebens der Elfen – einem Elfenleben, das weit entfernt ist von den Märchen und Legenden unserer Vorstellungswelt.
Entdecken Sie die zauberhafte Anderswelt, und begegnen Sie wundervollen Elfen, die auch in unserer irdischen Welt ihren Zauber hinterlassen haben ...

400 Seiten, mit Farbteil,
gebunden
ISBN 978-3-89845-614-2
€ [D] 28,00

Claire Avalon

Die zwölf göttlichen Strahlen und die Priester aus Atlantis

Die zwölf göttlichen Strahlen und die atlantischen Priester helfen uns dabei, den Weg in ein neues Zeitalter der Transformation zu gehen und unsere Lebensziele zu erreichen.

El Morya, der Lenker des blauen Strahls, beschreibt unseren Weg ins »Neue Zeitalter« und den erfolgreichen Einsatz der zwölf Strahlen. Er zeigt uns, wie wir mit Hilfe der zwölf Strahlen einen sinnvollen Plan umsetzen und somit zum Mitschöpfer werden. Und er stellt uns 84 atlantische Priester und Priesterinnen vor, die unterstützend auf den zwölf Strahlen dienen. Ihre Zeit ist gekommen, sich uns zu offenbaren und uns ihre göttliche Hilfe anzubieten.

Miriam Oberstaller & Helene Sarah Gruber

Ein Geschenk des Himmels für dich und mich
Die wesentlichen Fragen an das Leben

Die Schnelllebigkeit unserer Zeit und immer neue Aufgaben konfrontieren viele jeden Tag mit neuen Herausforderungen und immer wieder auftauchenden Fragen.

Die drängendsten Fragen an das Leben haben zahlreiche Menschen für dieses Buch gesammelt, und die geistige Welt hat jede einzelne davon liebevoll beantwortet …

Einfühlsam, berührend und mit viel Humor führt die geistige Welt durch dieses Buch und schenkt in ihren Antworten Kraft und Segen. Dieses Buch möchte Menschen wieder zur Einfachheit führen, in die Selbstermächtigung und Selbstliebe.

336 Seiten, 2-farbig, inkl.
Lesezeichen, broschiert
ISBN 978-3-89845-570-1
€ [D] 19,95

152 Seiten, broschiert
ISBN 978-3-89845-266-3
€ [D] 6,95

Franziska Krattinger

Die 7 universellen Gesetze
Spielregeln für ein Leben in Vielfalt

Das Leben folgt universellen Gesetzen. Wer diese begreift, kann sich alle Lebensformen, Situationen und Realitäten erklären. Diese universellen Gesetze gelten auf allen Ebenen und in allen Bereichen. Niemand kann sich ihnen entziehen.

Dieses Handbuch vermittelt durch praktische Übungen und gelebte Beispiele aus dem Alltag die entscheidenden Spielregeln für ein Leben in Fülle! Es zeigt, wie man seine Kraft am besten einsetzt, um seine Ziele stets zu erreichen. Die beschriebenen Gesetze gelten für alle – und wer sie beherrscht, ist somit Herr über seine Realität.